한 점
그림으로
읽는
경제

투자의 초석을 쌓는
부자 수업

한 점
그림으로
읽는
경제

김치형 지음

포르체

추천의 글

그림 속에는 화가의 삶뿐 아니라, 시대를 움직였던 욕망과 자본의 역사가 숨어 있다! 드가의 화실에서 금융 시장의 뒷모습을, 반 고흐의 감자 그림에서 소비의 변화를 발견한다. 이 책을 읽는 순간, 명화는 곧 경제 이야기로 바뀐다.

유상호 (한국투자증권 수석부회장)

내가 김치형 앵커를 잘 알아서 하는 말인데, 그는 책 한 권이라도 그냥 허투루 쓰는 사람이 아니다. 진짜 재미있으니 믿고 읽어보길 권한다. 특히 훌륭한 경제 프로그램으로 정평이 난 '이진우의 손에 잡히는 경제'를 몇 년째 듣는데도 도무지 경제에 흥미가 생기지 않는다는 분들에게 조용히 권한다. 우리끼리 하는 얘기지만 솔직히 이 책이 훨씬 낫다.

이진우 (MBC라디오 '손에 잡히는 경제' MC)

설명하는 책이 아니다. 가을바람처럼 선으로 이야기한다. 막시밀리안 1세와 마리의 결혼식에 등장한 다이아몬드 반지에서, 태양왕 루이 14세가 신었던 붉디붉은 하이힐까지. 역사 속 붙잡고 싶었던 그 장면으로 들어가 시대를 훔쳐보고 있으면, 경제라는 바다에서 늘 표류하던 당신을 안전하게 항구로 데려다준다. 작가는 그렇게 경제학이라는 게 복잡한 불모의 관념이 아니고, 우리 일상의 슬하에 있는 이야기 꾸러미라고 말한다. 친절하게.

김원장 (경제칼럼니스트, 전 KBS앵커)

트럼프 집권 이후 금이나 은 같은 귀금속 가격이 폭등하는데, 왜 다이아몬드 가격은 떨어질까? 흥미로운 질문 뒤에 숨겨진 아름다운 결혼식 그림, 그리고 세상의 변화를 알아차림으로써 세계 경제를 이전보다 더 잘 이해할 수 있을 것이다.

홍춘욱 (프리즘투자자문 대표, 《돈의 흐름은 되풀이된다》 저자)

한 폭의 그림에는 작가가 의도했든, 의도하지 않았든 시대상이 녹아 있기 마련이다. 이것을 꺼내 해석하고 다양한 경제 이야기로 풀어낸 점이 흥미롭다. 저자가 평소 미술 작품에 남다른 관심을 갖고 있는 경제 기자라 가능하지 않았을까. 교양을 넘어 세상을 바라보는 시야를 넓히는 데 도움을 주는 책이다.

박성완 (한경아르떼TV 대표)

이런 미술책을 기다려 왔다. 아니, 이런 경제서를 기다려 왔다고 해야 하나? 모네의 그림에서 출발해 트럼프의 관세 정책으로, 쿠엔틴 마시스의 회화는 골드만삭스 이야기로 이어진다. 미술이 예술이라는 틀을 벗어날 때 얼마나 더 흥미로워질 수 있는지, 미술은 생활과 동떨어진 '고상한' 것이 아님을 경제전문가 김큐는 이 책을 통해 증명해 보인다.

이세라 (방송인, 《미술관에서는 언제나 맨얼굴이 된다》 저자)

제아무리 아름다운 명작이라도 빛이 없으면 그저 검은 종이일 뿐이다. 그림은 결국 색의 마술이자, 빛의 예술이다. 어둠을 밝히려면 빛이 필요하듯, 돈을 이해하려면 돈의 본질을 밝혀야 한다. 돈을 밝히는 건 탐욕이 아니라 통찰이다. 돈에 밝은 사람은 그림 속에서도 경제를 읽는다. 김큐는 언제나 그랬듯, 이번에도 그림 속 경제를 명쾌하게 밝혀 준다.

이대호 (와이스트릿 대표, KBS1라디오 '성공예감 이대호입니다' MC)

그림을 모티브로 경제사적 이슈를 끄집어내기란 만만치 않은 작업이다. 그림과 역사 거기에 경제를 잘 버무려야 하기 때문이다. 경제사 책을 써 본 나로서는 그 창작의 고통을 잘 알기에, 이 책의 가치를 높게 평가하고 독자들에게 추천하고자 한다. 딱딱한 경제 이야기를 그림과 역사라는 양념을 더해 놓으니, 경제에 무관심한 이들에게도 좋은 교양서가 되리라. 쉽고 편안하게 읽다 보면 금방 책을 완독하게 되는 마법의 책 속으로 빠져 보길 바란다.

최고민수 ((최고민수 경제사 특강), (주식 공부 5일 완성) 저자)

프롤로그

고등학교 첫 미술 수업을 잊지 못합니다. 짤막한 자기소개를 끝낸 미술 선생님은 '봄'이라는 단어를 제시하고 그림을 그려 제출하라고 하셨죠. 제법 잘 그린 그림이었는데, 전 빵점을 받았습니다. 그날 선생님은 보기 좋고 잘 그린 그림이 아니라 자신의 감정과 생각이 표현된 그림에 높은 점수를 줬습니다. 첫 수업으로 선생님의 의도가 파악되자 미술 시간은 저를 포함해 반 친구들의 해방구가 됐습니다. 뭔가를 그리고 칠하고 심지어 슬리퍼 등 다양한 도구로 찍고 문지르고, 하고 싶은 건 다 할 수 있었으니까요. 괴상한 그림도 자신에게 의미가 있고 그걸 설명해 낼 수만 있다면 높은 점수를 받았습니다. 미술이 재미있어졌고 정형화된 그림이 아닌 자유로운 그림을 그리고 즐기는 방법을 조금이나마 맛본 소중한 시기였습니다.

그림과 경제를 엮어 책을 쓴다고 하니 주변 사람들이 "그림에도

관심이 있었어?"라고 묻더군요. 저에게 책을 쓸 만큼의 전문적 식견이 있느냐는 물음이었을 겁니다. 사실 미술에 대한 저의 지식은 그림에 관심 있는 일반인 수준을 크게 뛰어넘지 못합니다. 그래서 이 책을 미술이나 그림에 대한 이해의 폭을 넓히고자 선택하려 한다면 제가 나서서 말려야 할 듯합니다. 물론 출판사는 싫어하겠죠.

이 책에서 그림은 일종의 미끼입니다. 경제에 조금이라도 편히 다가서고 쉽게 이해할 수 있도록 독자 여러분을 끌어들이는 도구이죠. 뭐 눈엔 뭐만 보인다고 경제 이슈를 만날 다루는 일을 하는 사람의 직업병인지, 뭘 봐도 제 눈엔 경제 관련 이슈들이 엮여서 보이거든요. 그림도 마찬가지입니다. 그래서 그림을 보며 제 눈에 들어온 여러 포인트를 최근 경제 이슈들과 엮어서 풀어 보았습니다. 모네의 그림을 보며 트럼프 관세 이야기를 나누고, 고흐의 그림을 가지고 에너지 패러다임을 논했습니다. 나폴레옹의 멋진 초상화는 세계적인 기업 듀폰과 삼성전자의 생존을 이야기할 좋은 미끼로 활용했고요.

각 글의 구성은 제 상상력이 동원된 짤막한 이야기로 시작해, 그림을 감상한 뒤, 관련된 경제 이슈나 경제 용어를 풀어 보는 방식을 취하고 있습니다. 특히 도입부의 글은 그림에 그려진 상황을 영화의 한 장면처럼 글로 풀어내거나 화가가 그림을 그릴 때 나눴을 법한 대화를 소설처럼 써 놓은 것입니다. 최대한 역사적 사실에 기반

을 두고 적었지만 픽션이라는 점을 다시 한번 밝힙니다. 이런 구성으로 작성된 각 글들은 독립적입니다. 그래서 책을 처음부터 끝까지 다 읽지 않아도 되고, 꼭 순서를 지켜 읽을 필요도 없습니다. 필요에 따라 한두 개 또는 맘에 드는 그림을 위주로 건너 뛰며 서너 개씩 읽으셔도 좋을 것 같습니다. 물론 글이 흥미로워 후루룩 끝까지 읽어 내신다면 글을 쓴 저에게 그만한 기쁨도 없겠지요.

경제 이슈는 전문가보다는 경제에 입문하는 분들의 눈높이에 맞춰 풀어내려 했습니다. 중학교 3학년인 딸과 중학교 2학년인 아들이 제 글을 읽고 "조금 어려운 것도 있는데, 이해는 돼요"라고 답해 준 수준이니 참고하시면 될 것 같습니다. 더불어 아직 한글을 떼지 못한 늦둥이 5살 아들의 평가는 받지 못했음도 밝힙니다.

저는 경제 문제에는 정답이 없다는 말을 종종 합니다. 수학처럼 명확한 답이 있다면 얼마나 좋겠습니까. 하지만 경제는 정답도, 그걸 구하는 정해진 공식도 없거든요. 푸는 방법이 같아도 답이 다를 수 있고, 푸는 방법이 다르다면 답은 극단으로 갈리기까지 합니다. 실제로 내로라하는 경제학자들은 '식어 버린 경기를 살리기 위해 정부가 돈을 풀어야 하는가?', '기준금리를 내려야 하는가? 올려야 하는가?' 같은 문제를 놓고도 서로 완전히 다른 주장을 내놓습니다. 명확한 답이 없을 때 우리는 어렵다고 말합니다. 더구나 용어까지 생소하니 경제는 더 어렵게 느껴지는 것이겠지요. 그런 면에서

이 책에서 같이 다뤄 본 경제와 미술은 닮은 구석이 있습니다. 미술 역시 같은 대상을 놓고 작가가 다르면 완전히 다른 작품을 내놓고, 동일 한 작품을 놓고 보는 사람에 따라서 완전히 다른 해석과 평을 하니 말입니다.

방송과 유튜브 등에서 저는 김큐로 활동합니다. '김치형 경제뉴스 큐레이터'의 줄임말이죠. 박물관이나 미술관의 도슨트처럼 경제 이슈도 대중에게 쉽게 풀어 주는 존재가 필요하겠다는 생각을 반영한 것입니다. 책을 내겠다는 마음을 먹은 건 꽤 오래지만 오랜 기간 주저주저했던 건, 작가라는 단어가 주는 무게감 때문이었습니다. 만날 기사를 썼고 지금도 매일같이 방송 출연 원고를 쓰지만 책을 쓴다는 건 저에게 완전히 다른 의미로 다가왔거든요. 마치 내 머릿속의 지식을 하나하나 꺼내 개수를 세고 무게를 달아 품질을 평가받는 작업처럼 말이죠. 기자와 앵커라는 경력으로 포장된 제 밑천을 드러내는 일이란 생각도 듭니다. 그래서 이 책을 세상에 내놓는 이 순간이 매우 두렵습니다. 프리랜서가 된 이후 주 7일 근무하는 남편을 옆에서 든든히 응원해 주는 아내 김연화 그리고 사랑스러운 딸 예주, 아들 예성 마지막으로 존재만으로도 행복감을 주는 늦둥이 예훈에게 감사함을 전합니다.

2025년 11월 김치형

프롤로그

목차

추천의 글 4
프롤로그 8

1장 세금의 미로, 그림이 보여 주는 돈의 길

트럼프 관세와 모네의 세관 시리즈 16
왕가의 신발 하이힐과 세금들 29
인간과 자연의 폭력, 그리고 노동 41
미국 건국의 숨은 공신 '감자' 56

2장 세계를 잇는 무역과 금융의 비밀

얽히고설킨 글로벌 공급망 71
비너스의 피부와 달걀 모양 이론 82
유대인은 어떻게 금융을 꽉 잡았나? 95
이건 도대체 얼마를 받아야 해? 104
쇠라의 점묘화와 FOMC 점도표 117
에드가 드가와 리딩방 131

3장 빛과 욕망, 산업의 무대 뒤에서

노란빛의 가로등 그리고 화가 148
폭발해 버린 유전과 오일러시 161
빛을 향한 인류의 잔혹함, 향유고래 이야기 176
다이아몬드의 추락과 막시밀리안 1세 186
초커 목걸이와 단두대 199

4장 기업과 기술의 생존법

진주 목걸이와 삼성의 애니콜 신화 214
오페라 글라스와 ASML 225
불에 탄 옛 증권거래소와 명화 237
생존을 위한 선택일까? 변절일까? 247
그림의 대량 생산을 이끈 판화 262

1장

세금의 미로, 그림이 보여 주는 돈의 길

트럼프 관세와 모네의
세관 시리즈

클로드 모네의 '세관 오두막' 연작

　모네는 노르망디 해안의 절벽에 서서, 아래로 펼쳐진 풍경을 바라보았다. 그의 시선이 절벽 끝 외롭게 자리 잡은 작은 오두막에 멈춘다.
　"세관들이 쓰던 건물이었다지?"
　모네가 중얼거린다.
　"전쟁 통에도 용케 살아남았네. 참 평화롭네."
　그의 동료가 묻는다.
　"모네, 저걸 그리려고? 저 낡은 건물을?"
　모네는 걸음을 잠시 멈추고 생각에 잠긴 듯 보였다. 그리고 입을 연다.

"이 작은 건물과 자연이 어우러져 있는 모습을 봐 봐. 인간이 만들어 놓은 건물과 자연이 제법 조화를 이룬 모습이 난 마음에 들어. 아름답고 평화롭지 않은가. 이걸 그려 보고 싶네. 어떤 사람들에겐 단순히 아름다운 광경을 그린 그림으로 보일 테고 어떤 이들에겐 전쟁의 상처를 치유해 주는 따뜻한 그림으로 느껴질 수도 있겠지."

때마침 구름 사이로 햇빛이 새어 나와 바다를 비췄다. 모네의 눈이 반짝였고 햇살을 머금고 밀려드는 파도는 보석처럼 빛을 낸다. 그는 바삐 캔버스를 꺼내 스케치를 시작했다. 그리고 들릴 듯 말 듯 중얼거린다.

"이번엔 몇 장을 그려야 끝을 낼 수 있을까……."

클로드 모네는 푸르빌과 바렌주빌 지역의 세관 오두막을 주제로 30여 점의 작품을 남겼다.

세상에서 가장 아름다운 단어 '관세'

관세의 칼을 여기저기 휘두르고 있는 트럼프 대통령의 말이다. 관세에 '아름다운'이라는 수식어를 붙인 건 아무리 생각해도 어울리지 않는다. 이게 만약 관세와 어울리는 수식어를 고르라는 시험 문제였다면 '아름다운'을 고른 사람들은 오답 처리가 되는 게 마땅하다. 하

지만 '미국 우선주의'를 부르짖고 무역적자 해소가 당면 과제인 트럼프 대통령에겐 관세처럼 사랑스러운 단어도 없다. 그러니 그에게 있어선 '아름다운'이 관세를 수식할 유일한 표현인 상황이다.

전 세계가 트럼프발 관세 정책에 골머리를 앓고 있다. 어떻게든 무역 장벽을 낮춰 생산을 효율화하고, 저렴하면서도 좋은 상품을 만들어 소비하며 경제 성장을 이룬 20세기 자유 무역 시대가 침몰하고 있다.

1986년 우루과이 라운드부터 2007년 한미 FTA가 체결될 때까지, 관세 장벽을 허물라며 갖은 압박을 가하던 미국과 여기에 맞서 관세 장벽이 허물어지는 걸 막으려 거리로 몰려나왔던 사람들은 이제 완전히 반대 입장에 서 있다. 미국은 관세를 무기화해 각국에 무역 장벽을 세우고, 상대는 어떻게든 관세율을 낮추려 하고 있다. 역사는 보호무역주의가 경제에 결코 도움이 되지 않는다고 알려 주고 있지만 현실은 꾸역꾸역 뒷걸음질을 치는 듯하다.

미국에 수출을 많이 하는 국가(한국을 포함)들은 관세 장벽이 올라가면 수출이 줄어 경제가 어려워질까 우려하고, 미국 내에서는 관세로 인한 물건 가격 상승이 물가를 자극해 소비를 줄여 경기가 식어 버릴까 걱정이다. 문제는 트럼프 대통령이 이런 우려에 아랑곳하지 않고 있다는 것이다. 1기 행정부 때보다 더 강하고 빠르게 자신의 관세 정책을 밀어붙이고 있다. 그는 무엇에 대한 어떤 확신

을 갖고 있는 것일까?

아름다운 풍경 속에서 찾는 관세

아이러니하게도 관세를 아름답다고 표현한 트럼프 대통령의 발언을 듣고 인상주의 대표 화가 클로드 모네를 떠올렸다. 모네는 연작을 그린 것으로 유명한데, 동일한 주제(대상)를 다양한 조건에서 여러 번 그리며 빛과 상황이 만들어 내는 다름을 작품에 표현했다. 가장 잘 알려진 작품은 '수련 연작'이다. 모네의 생가에 있는 수련 정원을 30여 년간 무려 250점 넘게 그렸다.

버려진 세관 오두막을 그린 연작은 대중들에게 비교적 덜 알려진 작품이다. 프랑스 노르망디 해안의 바렌주빌 절벽의 허름한 오두막을 그린 작품으로, 오래된 세관 건물과 주변의 자연 풍광이 아름답게 묘사돼 있다. 절벽과 그 뒤로 펼쳐진 푸른 바다만으로도 요즘으로 치면 SNS 명소가 될 상황인데, 여기에 외로운 오두막이 정점을 찍어 주니 모네의 발길이 멈추지 않을 수 없었을 것 같다. 더구나 시간과 날씨에 따라 햇살마저 모습을 달리하니 그때 그때 포착되는 또 다른 모습에 모네는 매료됐을 것이다. 그는 세관 오두막과 관련된 30여 작품을 남겼다.

클로드 모네, 〈세관 오두막, 바렌주빌(1882)〉

클로드 모네, 〈세관 오두막, 바렌주빌(1897)〉

모네는 시기적으로 두 차례에 걸쳐서 관련 그림들을 그렸는데, 1882년 세관 오두막 연작을 그린 후 15년이 흐른 1897년 이곳을 다시 찾아 또 다른 느낌의 그림들을 남겼다. 1882년 작품들이 자연의 풍광을 잘 포착해 그렸다면 1897년의 작품은 비슷한 구도지만 빛의 효과가 더 강조되며 몽환적인 아름다움이 묻어 난다. 모네는 실제 후기로 갈수록 빛에 의해 달리 보이는 사물 다시 말해 빛의 효과를 더욱 살린 그림을 그렸다.

나폴레옹의 영국 봉쇄와 세관 오두막

노르망디 해안 절벽엔 왜 이런 세관 건물이 덩그러니 세워졌을까? 이는 나폴레옹 시대의 유물이다. 1805년 트라팔가 해전에서 영국에 크게 패한 나폴레옹은 해군력에 큰 타격을 입는다. 결국 군사력으로 영국을 정복하기 힘들다는 판단에 경제 봉쇄라는 카드를 꺼내 든다. 역사는 돌고 돈다고 하지 않던가? 미국이 이란을, 북한을 그리고 중국을 경제적으로 고립시키려 하는 전략은 200여 년 전 나폴레옹이 이미 써먹은 전략이다. 이른바 나폴레옹의 대륙 봉쇄 정책인데, 1806년엔 베를린 칙령을 발표해 영국과의 모든 무역을 금지시켰고 이듬해인 1807년 밀라노 칙령을 통해 중립국 선박도

영국과 거래를 못 하도록 했다. 하지만 결과적으로 이 봉쇄령은 나폴레옹의 몰락을 더 빠르게 만들었다. 나폴레옹이야 끔찍이도 싫은 영국을 굴복시키고 싶었겠지만, 영국과 물건을 사고팔며 생계를 이어 가던 사람들은 봉쇄령이 반가울 리 없었다.

밀 무역이 횡행했고 이를 막기 위해 영국을 마주한 프랑스의 해안가엔 모네가 그린 세관 오두막들이 곳곳에 들어서게 된다. 결국 프랑스와 동맹국들의 경제는 영국과 교역이 끊기며 어려움에 빠진다. 반면 영국은 프랑스 등을 통한 교역이 막히자 대서양을 통해 북미와 남미와의 교역을 확대해 돌파구를 찾았다. 먹고사는 문제를 해결하지 못한 정부가 민심을 얻은 역사는 없다. 대륙 봉쇄령은 나폴레옹의 몰락을 가져온 결정적 원인 중 하나이다.

보호무역의 대표 실패 사례, 스무트-홀리 관세법

미국이 자국 산업 보호를 위해 관세를 크게 높인 사례는 이전에도 있다. 1930년 미국은 대공황으로 미국 경제가 흔들리자 자국 산업 보호라는 명분하에 관세를 크게 높일 수 있는 근거법을 마련한다. 리드 스무트 의원과 월리스 홀리 의원이 발의했다고 해서 스무트-홀리 관세법(Smoot-Hawley Tariff Act)이라 부른다. 이 법의 핵심

은 고율의 관세 부과이다. 평균 55%, 최고 400%의 관세를 부과할 수 있도록 했다. 당시 후버 대통령이 이 법안에 서명함으로써 미국은 2만여 개의 수입품에 고율의 관세를 부과했다.

결과는 어땠을까? 미국의 이런 조치에 캐나다, 멕시코, 쿠바, 스페인 등 상대국들은 보복 관세로 대응했고, 미국으로부터의 수입도 30%가량 줄였다. 글로벌 무역은 크게 감소했고 미국의 경제 불황은 더 심화됐다. 결국 1934년 프랭클린 루스벨트 대통령은 다시 관세를 낮추고 자유 무역 정책을 꺼내 들었다.

WTO 체제 종말 선언한 미국

최근 제이미슨 그리어 미국 무역대표부(USTR) 대표는 "트럼프 행정부의 무역 정책이 지난 30년간 이어진 WTO(The World Trade Organization, 세계 무역 기구) 체제를 대체할 새로운 질서"라고 언급했다(조선일보, "WTO 체제 종말 선언한 美 "이젠 트럼프 라운드"", 2025.08.09). 사실상 WTO(세계 무역 기구) 체제의 종식을 선언한 셈이다. 1947년 2차 세계대전이 끝난 뒤 세계 각국은 보호 무역이 전쟁은 물론 경제도 악화시켰다는 판단에 새로운 무역 질서 구축에 나선다. 그 결과 첫 다자간 무역규범인 GATT(관세 및 무역에 관한 일

반 협정)가 출범했고, 서비스와 지식 재산 등 신산업에 대한 한계 등이 제기되자 우루과이 라운드 협상(1986년~1994년)을 통해 1994년 123개국이 모로코 마라케시에서 새로운 무역 기구 설립에 최종 합의했다. 이런 과정을 거쳐 다음해인 1995년 1월 1일 WTO가 출범했다.

  WTO는 상품은 물론 서비스와 지식재산권 등 다양한 분야에서 자유 무역 규범을 설계하고 감독해 왔다. 출범 당시 128개 회원국이 166개국으로 늘었고, 2001년 중국이 WTO에 가입하며 WTO는 전 세계 무역의 99%를 관장하는 글로벌 무역 질서의 핵심 축 역할을 해 왔다.

  하지만 제이미슨 그리어 대표의 말처럼 이제 WTO는 유명무실한 기구 취급을 받는다. 가입국인 미국이 관세로 무역 장벽을 세우고 불공정 교역을 하고 있지만 WTO가 어떤 조치나 규제도 못 하고 있기 때문이다. 트럼프 대통령은 첫 번째 집권 때부터 국제 무역 질서를 흔들기 위한 빌드업을 했는데, 그중 하나가 WTO의 핵심 기구인 상소 기구(Appellate Body)를 무력화한 것이다. 미국은 지난 2019년부터 지금까지 WTO 무역분쟁 해결기구인 상소기구 인사 임명 인준을 거부하고 있다. 국가 간 무역 분쟁이 일어나면 불공정 행위를 한 국가나 기업에 제제를 가하는 기구가 일을 못하게 만들어 버린 것이다. 스포츠 경기를 하면서 본격적인 반칙을 할 계획을

세우고 심판을 경기장에서 빼 버린 것과 비슷하다. 처음 타깃은 중국이었지만 트럼프 대통령이 재집권한 이후엔 사실상 미국은 자신들과 교역하는 모든 나라에 반칙성 관세를 물리고 있는 상황이다.

CPTPP가 뜬다

CPTPP 현황	
인구·교역 규모(2020년 기준)	가입국(2025년 기준)
인구: 5억 1,000만 명(세계 인구의 6.6%) 교역 규모: 5조 2,000억 달러(세계 교역의 15%)	일본, 캐나다, 호주, 뉴질랜드, 멕시코, 칠레, 페루, 말레이시아, 베트남, 싱가포르, 브루나이, 영국

이름도 어려운 포괄적·점진적 환태평양경제동반자 협정, CPTPP(Comprehensive and Progressive Agreement for Trans-Pacific Partnership)가 WTO의 대안으로 떠오르고 있다. 일본을 중심으로 태평양 연안의 아시아 국가들이 모여 만든 다자간 자유 무역 협정인데, 지난해 말 영국이 가입했고 최근에는 유럽연합(EU)이 구조적 협력을 제안했다는 소식까지 더해졌다. 그 동안 CPTPP는 시장 규모가 큰 미국과 중국이 모두 가입되지 않아 사실상 큰 관심을 받지 못한 다자무역 협정이었다. 하지만 아이러니하게도 이들 두 나라의 무역 분쟁이 끝날 기미가 보이지 않고, 미국은 전 세계를 상대로 관세의 칼

춤을 추는 상황이 되자, 이들 두 나라가 빠져 있는 상황이 점점 강점으로 부각되고 있는 셈이다. 최근엔 우리나라도 CPTPP에 가입을 검토 중이라는 얘기도 나왔다. 영국을 시작으로 유럽 연합까지 이 다자무역 협정에 들어온다면 수출이 주 먹거리인 우리나라로서는 동참을 고려할 수밖에 없는 상황이 될 것으로 보인다.

정답은 없다, 끊임없이 그릴 뿐

    15세기 미술계를 지배하던 르네상스 패러다임은 19세기 들어 완전히 깨졌다. 획일적 사고가 아니라 다원적 사고가 지배하는 세상, 개인의 자유와 개성이 존중된 세상. 화가들은 이런 세상을 맞이하자 자신만의 관점과 스타일을 추구하기 시작했다. 빛과 색채의 변화를 통해 자연의 아름다움을 포착하는 인상주의 화풍이 등장한 배경이다. 이 시기를 대표하는 작가 모네는 어쩌면 생존을 위해 연작이라는 방식을 취했는지도 모른다. 19세기는 회화 종말론이란 말이 등장할 정도로 그림을 위협한 기술 발전이 있었던 때이다. 바로, 사진이 등장한 시기이다. 화학자들은 당시 사진 한 장이 찍히는데 8시간이나 걸리던 노출 시간을 단 몇 초로 줄이며 미술사 최대의 위협적 업적을 만들어냈다. 이젠 똑같이 그릴 필요도 없고 똑같이 그리

면 살아남기도 힘들어진 세상. 그래서 모네는 똑같은 사물을 그때그때 달리 보이는 모습으로 그리고 또 그리며 생존한 건 아닐까?

코로나19는 인간의 생존 본능을 자극했다. 위험이 닥치면 남보다 내가 먼저 살고자 하는 원초적 본능이 살아난다. 사람과 물건의 이동이 막히니 정작 중요한 것들이 나라 밖, 꽤 먼 곳에서 오고 있다는 걸 새삼 깨닫게 된 시기이기도 했다. '또 이런 일이 발생하면?' 하는 걱정이 자국 우선주의를 자극하고 지지를 얻게 했다. 트럼프는 이를 더 자극해 미국이라는 큰 장벽 안에 자신들을 돕고 지지할 나라와 기업들을 밀어 넣고, 일단 우리가 살고 보자고 외친다. 관세를 낮추려면 돈을 가져오라는 상상치도 못한 발언을 서슴없이 하고, 바이든 정부 때 투자를 이끌기 위해 지급한 보조금을 회사의 지분(주식)으로 바꿀 수도 있다는 황당한 말들도 흘린다.

역사는 끊임없이 반복돼 왔다. 과거엔 정답이었던 것이 지금은 오답이고, 예전엔 오답이었던 것이 지금은 정답이기도 하다. 자유무역이 금과옥조였던 시대가 가고 어쩌면 새로운 무역 질서를 요구받는 시대로 접어든 것일 수도 있다. 우리는 종종 경제 문제에 대한 정답을 놓고 싸운다. 하지만 경제 문제에 있어 정답은 없다. 시대 상황이 변함에 따라 혹은 사회적 합의가 만들어지면 그게 틀이 되고 정답으로 받아들여진다.

모네가 19세기 새로운 패러다임을 맞아 같은 대상을 수없이 그

리며 정답을 찾으려 했듯, 새로운 무역 질서를 요구받는 지금 인류도 새로운 정답을 찾아가는 과정 속에 있는지도 모를 일이다. 다만 이 과정을 얼마나 현명하게 대처하느냐에 따라 생존의 갈림길에 설 수도 있다는 점이 두려울 뿐이다.

왕가의 신발 하이힐과 세금들

루이 14세의 빨간 구두 초상

 궁정 귀족들과 대신들이 숨죽인 채 루이 14세가 궁으로 걸어 들어오는 걸 바라본다. 루이 14세가 궁으로 걸어 들어올 때면 특유의 소리가 났다. 그가 신은 붉고 높은 굽이 베르사유 궁의 대리석 바닥을 때리며 울리는 소리이다. 또각 또각 또각. 오늘 따라 그 소리가 유난히 크고 선명하게 들린다. 태양왕 루이 14세가 단상에 올라섰다. 그의 얼굴에 웃음기를 찾아볼 수 없다. 분명 오늘 무언가 그의 심기를 건드린 게 분명하다.
 "질서가 흔들리고 있소."
 분위기가 무겁게 내려앉는다.
 "베르사유는 곧 프랑스며, 이 안의 위계는 국가 그 자체요, 이 시

작자 미상의 루이 14세 초상

간 이후부터 붉은 굽 구두는 오직 내 호의와 신임을 입은 귀족에게만 허용하겠소. 내가 직접 붉은 굽을 신으니, 붉은 색 굽은 왕의 은총이 내린 자, 곧 나의 진정한 신하들에게만 허락된 특권임을 분명히 하니, 명심하시오."

필사관이 바쁘게 이 말을 받아 적는다. 일부 평민과 하급 관리까지 굽이 높은 구두를 따라 신기 시작했다는 소문이 왕의 귀까지 들어간 것이다. 그 자리에 있던 귀족들은 서로 눈치를 보며 상대의 신발부터 쳐다본다. 붉은 염료는 너무 비싸 안 그래도 아무나 사용할 수 없는데, 이젠 왕의 허락까지 받아야 한다니…… 그들은 속으로 '붉은 굽의 구두는 이제 명실상부 권력의 상징이 되는구나' 생각하고 있었다.

하이힐을 사랑한 루이 14세

프랑스 베르사유 궁전 북관 17세기 객실 쪽엔 루이 14세의 초상화가 걸려 있다. 작가 미상인 이 작품에는 갑옷을 입은 루이 14세가 탁자 위에 왕관을 두고 의자에 걸터앉아 한쪽 다리를 쭉 뻗고 있다. 왕관과 화려한 갑옷이 눈길을 먼저 사로잡지만 빨간 타이즈와 화려한 장식이 달린 그의 붉은 구두도 만만찮게 눈길을 끈다.

이아생트 리고, 〈루이 14세의 초상화〉

루이 14세는 유럽에서 가장 오랫동안 왕위를 지킨 프랑스 왕이다. 그의 재위 기간은 무려 72년이 넘는다. 5살도 되기 전 왕위에 올라 14살이 될 때까지 어머니와 마자랭이라는 재상의 섭정을 견뎠고, 마자랭이 죽은 이후 14살이 되어서야 제대로 왕권을 휘둘렀다. 그래서인지 그는 군 개혁을 시작으로 강력한 왕권 확보에 열을 올렸고, 사람들은 그를 태양왕이라 불렀다. 그 유명한 베르사유 궁도 그의 강력한 왕권 덕에 지금의 모습을 갖게 됐다.

루이 14세는 신발을 사랑한 수제화 마니아로도 유명하다. 일설에는 그가 작은 키 때문에 굽이 높은 신발, 하이힐을 신었다는 말도 있지만 추정일 뿐 진위 여부는 확인되지 않는다. 어쨌든 루이 14세의 신발 사랑이 얼마나 대단했던지 프랑스의 제화공이라는 직업이 이때 등장했다는 주장도 있다. 하지만 이는 사실이 아닐 가능성이 크다. 신발 장인을 뜻하는 제화공은 루이 14세 이전, 중세 시대에도 이미 존재했던 직업이다. 다만 태양왕의 신발 사랑 때문에 프랑스 제화 산업 특히 고급 수제화 산업이 이 시기 큰 발전을 이뤘고, 수제화 제화공의 고용이 늘고 명성을 날리는 제화공이 등장한 건 사실이다.

붉은 굽의 하이힐은 왕과
그가 허용한 사람들만

　루이 14세는 귀족을 제외한 다른 사람들이 굽이 있는 신발을 신지 못하게 했다. 특히 붉은 굽의 하이힐은 자신과 자신이 허용한 사람들만 신을 수 있게 칙령도 내렸다. 당시 높은 굽의 신발은 남성 귀족들의 전유물이었다. 지저분한 비포장 거리를 걸을 때 값비싼 신발의 오염을 막고자 하는 실용적 이유도 있었을 것으로 보인다. 하지만 의도와 목적이 어쨌든 결국 높은 굽, 하이힐은 당시 귀족임을 알 수 있게 하는 신분의 상징이었고, 특히 붉은 굽의 하이힐은 루이 14세와 그가 총애하는 왕족 혹은 귀족들을 구분하는 징표의 역할을 했다.

　베르사유 궁 중앙 건물에 전시된 또 다른 루이 14세의 초상화에서도 붉은 굽의 하이힐이 확인된다. 황금과 보석으로 치장된 칼을 차고 화려한 왕의 복식을 하고 서 있는 루이 14세는 붉은 굽의 구두를 신었다. 마치 각선미를 자랑하듯 한쪽 다리를 조금 내밀고 서 있는데, 하얀 타이즈와 대비돼 붉은 굽의 하이힐이 눈에 더 들어온다.

　치사하게 신발 같은 걸로 신분을 구분했나 싶지만, 과거 우리나라에도 이런 법은 존재했다. 삼국시대는 물론 고려시대와 조선시대 신분별로 신발을 비롯해 복식의 재질과 형태를 제한하는 법들이

존재했다. 평민은 원칙적으로 가죽신 착용이 금지돼 있어 짚신이나 삼 등 값싼 재료로 만든 신발을 신었고, 왕과 귀족은 나무로 굽을 댄 목화나 가죽이나 비단으로 만든 신발을 신었다.

지금은 어떤가? 법으로 신발이나 복장을 제한하는 규정은 없지만 권력과 재력을 드러내고 싶은 인간의 본성은 변하지 않아 명품 브랜드들을 먹여 살리고 있다.

베르사유 궁과 가벨

프랑스는 18세기에 들어서며 심각한 재정 위기를 겪는다. 루이 14세의 증손자 격인 루이 15세가 왕위에 올랐을 때, 프랑스 정부의 빚은 30억 리브로. 매년 갚아야 할 돈이 8억 리브로를 넘었다. 빚이 많아도 갚을 능력이 되면 큰 문제가 아니지만, 당시 프랑스 사정은 그렇지 않았다. 당시 프랑스 정부가 세금으로 연간 벌어들이는 수입은 1억 4,000만 리브로에 불과했기 때문이다. 세수보다 6배가량 많은 돈을 빚 갚는 데 써야 하는 상황이었다는 얘기이다. 끊임없이 전쟁을 벌이고 베르사유 궁 건축을 위해 국가 재정을 탕진한 루이 14세 때문이었다.

재정 위기에 빠진 프랑스는 온갖 종류의 세금을 거둬들였다. 그

중 가장 황당하고 가혹한 세금이 '가벨(Gabelle)'이라 불렸던 소금세이다. 연간 의무적으로 사야하는 소금 할당량이 있었고, 소금을 살 때마다 소금 가격 10배가량의 세금을 내게 했다. 집에 소금이 남아있어도 새해가 되면 새로 할당된 소금을 사야 했고, 남은 소금을 다른 사람에게 팔 수도 없었다. 할당 받은 소금보다 더 많은 양의 소금이 필요하면 추가 할당을 신청해 구매해야 하는데, 추가분 소금에도 여지없이 세금을 부과했다. 소금세의 과도한 부담도 부담이었지만 평민들을 더 화나게 만들었던 건 귀족이나 종교인 등에게는 이 소금세를 면제해 줬다는 사실이다.

듣도 보도 못한 황당한 세금들

인류 역사를 들여다보면 흥미로우면서도 황당한 세금들이 꽤 있다. 그중 대표적인 세금이 로마시대의 '소변세(Urine Tax)'이다. 로마 제국의 네로와 베스파시아누스 황제가 부과한 세금으로, 공중 화장실에서 소변을 가져가는 사람들에게 물린 세금이다. 아니 돈 주면서 가져가라고 해도 싫을 것 같은 오물을 그것도 세금을 내면서까지 가져갈 일이 있나 싶겠지만 당시 소변은 꽤 유용하게 쓰였다. 대표적으로 동물의 사체에서 가죽을 분리해 내는 과정인 무두질에 사용했

고, 빨래나 치아의 미백용으로도 쓰였다. 우웩, 하며 역겹다고 할지 모르겠지만 소변에는 암모니아 성분이 있고 이를 표백과 탈지 성분으로 활용한 것이다. 매우 과학적인 활용이었다. 어쨌든 하층민들은 공중 소변기에서 소변을 수집해 세탁업자나 제혁업자들에게 팔았는데, 이때 소변을 구매하는 세탁업자나 제혁업자가 세금을 국가에 냈다. 프랑스와 이탈리아의 공중 소변기를 베스파시엔(Vespasienne), 베스파시아노(Vespasiano)라고 하는데, 이는 베스파시아누스 황제의 이름에서 기인한 것으로 소변세의 유산이라고 하겠다.

영국의 창문세와 모자세도 흥미로운 세금이다. 창문세는 1696년 잉글랜드에서 시행된 세금으로, 집의 창문 개수에 따라 세금을 내게 한 제도이다. 부자일수록 집이 크고, 집이 큰 만큼 창문 개수도 많다는 논리로 만들어진 세금이다. 하지만 이런 창문세 시행은 결국 집을 지을 때 창문을 아예 만들지 않거나 기존 집들의 창문을 벽돌로 막아 버리는 역효과를 낳았다. 1784년부터 1811년까지 영국은 남성용 모자에 세금을 부과하기도 했다. 모자가 많을수록 부자라는 기준을 적용한 것인데, 미국과 벌인 독립 전쟁으로 악화된 재정을 부유한 계층에게 세금을 거둬 보전하겠다는 의도였다. 그럼 집집마다 방문해 모자의 개수를 셌을까? 아니다. 모자 판매업자들이 모자 판매업 면허를 취득할 때 라이센스 비용을 냈고 판매되는 모자 가격에 따라 일종의 세금 납부 증명서를 붙이는 방식으로 세

금을 거둬들였다.

　러시아의 수염세도 빠질 수 없는 흥미로운 세금이다. 수염세는 표트르 대제가 러시아를 서구화하기 위해 남성의 수염을 금지하고, 기르고 싶은 사람에게 징수한 세금이다. 처음엔 강제적으로 수염을 자르도록 했으나, 예상보다 반발이 크자 수염세를 도입해 사회 관습 변화를 유도한 세금이다. 그러니 다른 세금들과 달리 수염세는 세수 확보가 주 목적은 아니었다. 러시아 정교회가 강하게 반발하는 등 전통을 지키려는 세력의 강한 저항이 있었지만 수염세 도입은 러시아의 사회, 문화적 전환에 큰 성과를 냈다. 수염세 부과 이후 러시아 상류 사회와 관료계의 외모와 문화가 빠르게 서유럽식으로 전환됐다.

세금은 정부를 흥하게도 망하게도 하는 양날의 검

　정부의 흥망성쇠는 종종 세금이라는 정책 수단이 발단이 된다. 세금은 국가의 주요한 재원 조달 수단으로, 국가를 유지하고 국민들이 안정적 생활을 하는 바탕이 된다. 하지만 과도하거나 부당한 세금은 사회적 저항을 키워 정부의 존립 자체를 흔든다. 대표적 사례가 바로 프랑스 대혁명의 촉매가 된 가벨, 소금세이다. 귀족과 성

직자들에게 주어진 면세 특혜는 부당했고 일부 지역에서는 가벨 때문에 소금값이 원가의 100배까지 올랐으니 과도해도 너무 과도했다. 결국 프랑스 왕정은 무너졌다.

미국의 독립 혁명 역시 영국의 과도한 세금이 영향을 미쳤다. 영국은 7년 전쟁(1756년~1763년)을 벌여 북아메리카와 인도 등에서 승리해 더 강한 제국 됐지만, 전후 재정난을 해소하기 위해 각종 세금을 식민지에 부과했다. 설탕에 높은 관세를 부과한다든지, 신문이나 각종 증명서에 인지세를 부과해 세금을 거둬들였다. 식민지 상인들은 크게 반발했고 결국 미국의 독립운동으로까지 이어졌다.

세금을 제대로 걷지 못해 나라의 존립 자체가 흔들리는 경우도 있다. 정치학자들은 소말리아, 예멘, 남수단 같은 나라들을 정부의 기능이 상실된 '실패 국가'로 분류하기도 한다. 이들은 내전과 부패로 사실상 조세 징수 시스템이 붕괴된 국가들이다. 정부 재정이 항상 부족하니 사회 기반 시설이 미비하고 정부의 행정력도 살지 못해 국가 성장이 제자리 걸음이거나 뒷걸음질을 치는 나라들이다.

반대로, 감세 정책이 부메랑이 돼 국민 삶의 질을 악화시키는 경우도 있다. 대표 사례가 최근의 프랑스이다. 프랑스는 마크롱 대통령이 집권한 이후 2018년 대규모 부자 감세 정책을 시행했다. 부유세를 폐지했고 법인세를 33%에서 25%로 내렸다. 더불어 자본소득세와 부동산 보유세도 완화했다. 이렇게 덜 걷힌 세

금이 연간 500억 유로, 우리 돈으로 80조 원이 넘는다(프랑스 회계감사원 2025년 6월 자료). 하지만 정부 지출은 그대로 유지했다. 돈은 덜 들어오는데 지출은 그대로니 국가 재정은 빠르게 악화됐다. 2019년 98.1%였던 프랑스의 GDP 대비 정부 부채 비율은 올해(2025년) 116.5%까지 오를 것으로 예측된다. 이 추세라면 2030년에는 129.4%에 달할 것이란 전망이다(IMF 재정 점검 보고서). 프랑스 정부가 꺼내든 재정 적자 해결 카드는 연금 개혁과 복지 예산 삭감 등 긴축 예산이다.

하지만 국민들 반발이 강하다. 프랑스 시민들은 "Bloquons tout!(블로콩 투, 모든 것을 차단하자)"를 외치며 프랑스 전역에서 시위를 벌이고 있다. 이들은 정부가 부자들의 세금을 감면해 상황을 악화시키고 중산층과 서민들에게 희생을 강요하고 있다고 주장한다. 프랑스는 구조적으로 다른 나라들에 비해 복지 지출이 과도한 측면이 있다. 재정위기 문제를 해결하기 위해 이 근본적인 부분을 건드는 건 맞지만 부자 감세가 재정위기를 가속했다는 것 또한 부인할 수 없는 사실이다. 프랑스 시민들의 분노는 마크롱 대통령의 퇴진 요구로 이어지고 있고 연이은 총리 사임 등 정치적 혼란이 가중되고 있다.

인간과 자연의 폭력, 그리고 노동

윌리엄 터너의 〈노예선〉

Aloft all hands, strike the top-masts and belay;
모든 선원들, 높은 곳으로 올라가서, 최상부 돛대를 내리고 밧줄을 고정하라;
Yon angry setting sun and fierce-edged clouds
저 멀리 화난 듯 불타는 석양과 날카로운 가장자리의 구름이
Declare the Typhon's coming. .
태풍이 오고 있음을 알리는구나.
Before it sweeps your decks, throw overboard
태풍이 갑판을 쓸어버리기 전에, 바다로 던져라
The dead and dying – ne'er heed their chains

죽은 자와 죽어 가는 자들을 - 그들의 사슬은 신경 쓰지 말고
Hope, Hope, fallacious Hope!
희망이여, 희망이여, 잘못된 희망이여!
Where is thy market now?
이제 너의 '시장(활용처·가치)'은 어디에 있는가?
-윌리엄 터너 미완성 자작 시 〈희망의 오류(Fallacies of Hope)〉

인간과 자연의 폭력에 대한 작가의 매혹

윌리엄 터너의 〈노예선(Slave Ship)〉은 해 질 녘 붉은빛으로 물든 바다를 그린 것 같지만 끔찍한 스토리를 담고 있는 그림이다. 붉은 노을에 파묻힌 범선과 거친 파도를 따라 시선을 옮기다 보면 험한 파도 사이로 사람의 손과 발 같은 것들이 눈에 띈다. 머리와 몸은 이미 바다에 가라앉았고 허우적거리는 손과 발엔 쇠고랑이 채워져 있다. '바다에 던져진 노예의 모습을 그렸구나'라는 생각이 머릿속을 스치는 순간, '노예선'이라는 제목이 가슴을 탁 친다. 아름답게 보이던 붉은 노을은 불지옥의 뜨거운 불길 같고, 여기저기 거친 파도 사이로 절규하듯 뻗어 올린 손은 마치 나를 잡아 끌어갈 것 같은 느낌마저 들게 한다.

윌리엄 터너, 〈노예선〉

〈노예선〉의 일부분 확대, 쇠고랑이 채워진 노예의 발

이 그림은 미국 보스턴 미술관(MFA)이 소유하고 있는데, '인간과 자연의 폭력에 대한 작가의 매혹을 보여 준다'라는 평이 달려 있다. 1840년 이 작품이 영국 왕립 미술원에 처음 공개됐을 때, 작가 터너는 자신의 자작 시 〈희망의 오류〉라는 시 구절 일부를 이 그림과 함께 전시했다.

그는 보험금을 타기 위해 병들고 죽어 가는 노예들을 바다에 던져 버린, 영국 선박 '종(Zong) 호' 이야기를 바탕으로 이 그림을 그렸다. 당시 보험사들은 노예를 단순 화물 정도로 취급했고, 배에 싣고 오던 노예가 항해 중 바다에 빠져 실종된 경우 등에만 보험금을 지급했다. 이들은 항해 중 병들고 사망한 노예들을 바다에 던져 버리고 보험사에 손실로 처리해 보험금을 청구했다.

종 호 학살 사건

종 호 학살 사건은 1781년 11월 29일부터 며칠간 영국 노예선 종 호의 선장과 선원들이 보험금을 노리고 아프리카 노예 133명을 바다에 던져 살해한 사건이다. 이들은 항해를 마치고 돌아와 보험사에 살해한 노예들을 손실(익사)로 처리해 보험금을 청구한다. 보험사가 보험금 지급을 거절하며 소송이 벌어진다. 첫 재판에서는 선

노예 무역 금지 법안 200주년을 기념하여 타워 브리지 앞에 전시한
노예선 종 호의 복원 모형

주 측이, 항소심과 최종 판결에서는 보험사가 승소한 사건이다. 법정에서 선원들은 식수가 부족해 항해를 마치기 위한 불가피한 선택이었다고 주장했다. 하지만 실제 항해 일지와 또 다른 법정 증언들로 식수 부족은 과장됐다는 사실이 밝혀졌다. 또 이런 참혹한 일을 벌이기 위해 선장과 선원 일부가 다수의 선원을 회유했다는 사실도 드러났다.

하지만 살인 사건임에도 이들은 어떤 형사 처벌도 받지 않았다.

노예들을 재산이나 화물 정도로 봤기 때문이다. 실제 법정에서 선주측 대리인은 "사건이 충격적이긴 하지만 노예들을 바다에 던진 건, 말을 바다에 던진 것과 같다"라는 주장을 펼쳤다. 또 "이들을 바다에 던지지 않았다면 노예 전부가 죽을 것이란 두려움에 사로잡혀서 일어난 일"이라고도 말했다고 한다. 하지만 이 사건이 영국 사회에 일으킨 반향은 컸다. 이런 보험 사기를 막기 위한 보험 약관 강화가 이뤄졌고, 노예 무역 폐지 운동도 가속화하는 계기가 됐다.

삼각 무역은 이윤 추구의 끝판왕

산업 혁명이 일어나기 전 노예는 대량 생산을 위한 저가의 노동력을 공급해 주는 원천이었다. 면화, 설탕, 차 등 유럽에서 구하기 힘든 물건은 비싸게 거래됐고, 이 시대의 부는 이런 물건을 얼마나 많이 확보해 유럽으로 들여올 수 있느냐에 달려 있었다. 돈이 되는 걸 놓칠 리 없는 자본가들은 국가의 식민지 개척에 적극 동조했고, 아예 식민지에 대규모 농장을 조성해 이들 작물의 대량 생산 체제를 구축했다. 또 동인도 회사 같은 것들을 세워 국가의 비호 아래 이들 무역을 독점했다.

설탕의 재료인 사탕수수, 면화의 원재료인 목화 재배를 위해 식

윌리엄 클라크, 〈설탕 공장에서 일하는 노예들〉
(The boiling house: Slaves working in the boiling house)

민지에 조성된 이런 대규모 농장을 플랜테이션이라고 한다. 플랜테이션은 당시에도 꽤 큰 투자를 동반하는 사업으로, 주로 유럽 특히 영국의 자본이 중심축이었다. 하지만 이 사업의 성공 여부는 자본의 투입 규모보다 저가의 대규모 노동력 확보가 좌우했는데, 그 핵심이 바로 아프리카 흑인 노예 사업이다.

자본의 흐름은 잔인하다. 아프리카 흑인들을 가축과 다름없이 사고팔았고, 사실상 무임금으로 부렸지만 노예 무역에는 돈이 몰려들었다. 더구나 플랜테이션에 막대한 자금을 투자한 자본가들에게 노예 무역은 인건비를 줄여 투자 수익을 높이는 가장 효율적인 수단이었다. 자본가들에게 투자 수익이 높아진다는 것은 빠르게 투자금을 회수하고 이익을 낼 수 있다는 의미이다. 그러니 가장 우선해 챙길 일이었던 셈이다.

영국 리버풀을 출발한 노예 무역선의 항로를 살펴보자. 이들은 노예와 교환할 총과 유리 구슬, 면직물 등을 싣고 아프리카로 떠난다. 아프리카에 도착하면 가져간 물건과 노예를 교환한다. 노예로 가득 찬 배는 대규모 플랜테이션이 조성된 카리브해 지역으로 향한다. 사탕수수, 면화 농장 등에 노예를 팔고 그 돈으로 면화나 설탕 등을 사들여 리버풀로 돌아온다. 바로 삼각 무역이다.

지금이야 반도체 등 첨단 제품을 놓고 각국이 패권 경쟁을 벌이지만 당시 세계의 패권을 가르는 상품은 면화, 설탕 같은 것들이었

다. 근본적으로 국가 간 패권 싸움은 자본 축적 싸움이기 때문이다. 자본을 남들보다 빨리 모을 수 있는 상품이나 기술을 획득하는 것이 국가의 힘이 된다는 얘기이다. 이 시대 삼각 무역에서 두각을 나타낸 나라가 영국이었고, 이렇게 쌓아 올린 부는 산업 혁명으로 이어졌다. 영국은 가장 먼저 근대화 국가가 됐고, 당시 세상은 영국을 중심으로 돌아갔다. 16세기부터 19세기까지 노예 무역은 지속됐고 약 1,500만 명 이상의 아프리카인들이 노예로 팔려 간 것으로 추정한다.

가축=노예=자동화=로봇

몰인간성의 끝을 보여 줬던 노예 제도는 같은 인간임에도 언어와 피부색이 다르다는 이유로, 아니 어쩌면 높은 수익에 눈이 멀어 흑인들을 애써 가축이라고 우긴 인류의 추악한 역사다. 산업 혁명과 이를 통한 산업 현장의 기계화가 일어나지 않았다면 노예 제도는 더 오래 유지됐을지도 모른다. 노예들의 노동력을 대체할 무언가가 나타났으니 그들의 인권이니 하는 말들도 등장했지, 그렇지 않았다면 인류는 비용 증가를 우려해 노예 제도를 끝까지 고수하려 했을 수도 있다. 노예 제도는 사라졌고 흑인을 비롯한 유색 인종의 인권

이 과거보다 존중받고 있는 건 맞지만 노동 현장에서는 효율성, 결국 돈 때문에 노동자의 인권이 무시되는 일은 여전히 흔하게 일어난다.

과학 기술이 발전할수록 인간의 삶은 풍요해지지만 아이러니하게도 저가 노동력 확보를 위한 인간의 노력은 더 치열해지고 있다. 공장 자동화를 넘어 인간의 모습을 한 휴머노이드 로봇이 제조현장에 투입되고 있다. 24시간 일하고 불만도 없는, 전기만 있으면 되는 노동자이다. 휴머노이드 로봇의 투입은 초기 투입 비용은 높겠지만, 365일 멈추지 않는 공장이 현실이 되는 것이다. 테슬라를 비롯해 많은 기업들이 로봇을 통한 공장의 완전 자동화를 꿈꾼다. 돈을 향한 인간의 탐욕은 이처럼 적당히가 없다. 그래서 근대화 과정 속에 우리 사회의 한 단면이었던 노동 운동은, 이런 인간의 탐욕에 맞선 인간성을 잃지 않으려던 인류의 몸부림이었을 수도 있다는 생각이 든다.

제러미 리프킨 《노동의 종말》

제러미 리프킨은 자신의 저서 《노동의 종말》을 통해 기술 발전에 따른 자동화로 노동 시장에서 밀려난 인간들의 문제를 짚었다.

일자리를 잃은 노동자들, 결국 실업 문제는 사회적 갈등과 불평등을 키우고 이는 경제 위기로 연결된다고 그는 경고한다. 실제 공장 자동화와 휴머노이드 로봇 투입 등은 부의 쏠림을 더 강화할 것이란 우려를 낳고 있다. 노예를 통한 이득이 자본가의 주머니로 모여든 것처럼, 로봇을 활용한 공장 역시 마찬가지다. 자본 투입 대비 이익이 높아질 테니 회사의 대주주를 비롯한 투자자들, 다시 말해 자본가들은 더 부유해질 가능성이 높아진다. 반면 노동으로 생계를 유지하던 사람들은 노동 현장에서 밀려나 더 힘겨운 삶을 살아야 할지도 모른다.

　노예 제도를 적극 활용하던 플랜테이션의 시대와 인간의 노동력을 로봇으로 대치하려는 지금의 시대는 효율과 생산성의 극대화를 추구한다는 점에서 서로 맞닿아 있다. 과거에는 돈을 주지 않고 일을 시켜 문제였지만 이제는 일자리 자체를 주지 않는 문제로 고민해야 하는 시기가 된 것이다.

"로봇에게도 세금을"

　마이크로소프트 창업자 빌 게이츠는 2017년 한 언론과의 인터뷰에서 로봇에게 세금을 물려야 한다고 언급해 화제가 됐다.

"지금은 예를 들어 한 인간 노동자가 공장에서 5만 달러의 일을 하면 그 소득에 대해 소득세, 사회보장세 등 여러 가지 세금이 부과됩니다. 만약 로봇이 와서 일을 한다면, 로봇에도 비슷한 수준의 세금을 매기는 것이 합리적이라고 생각합니다."

"로봇은 이런 세금에 대해서 화를 내지 않을 겁니다."

-조선비즈, 빌 게이츠 "로봇 사용자에게 '로봇세' 거둬 사회복지에 써야", 2017.02.19. IT 전문 매체 Qutz 인터뷰 중

빌 게이츠의 언급이 로봇세 논의를 더 활발하게 만든 건 사실이지만 2010년 초 중반부터 미국과 유럽의 경제학자들 중심으로 자동화 설비로 대체되는 노동에 대해, 기업에 세금을 물리자는 주장은 꾸준히 제기돼 왔다. 이들은 노동자가 정부 세원의 한 축인 소득세의 원천이자 기업들의 물건을 구매하는 소비의 주체라는 점을 잊어서는 안 된다고 말한다. 정부가 유지되고 기업이 성장하기 위해서는 이들의 존재가 중요한데, 로봇의 급격한 도입이 이들에게 가할 충격을 완화할 장치가 필요하고 로봇세가 대안이 될 수 있다는 주장이다.

실제 이런 개념의 세제 도입 시도는 몇 차례 있었다. 유럽연합(EU) 의회에서는 2017년 로봇과 인공지능 확산에 따라 장기적으로

로봇세 도입의 근거를 마련하기 위해 로봇에게 법적 지위를 부여하는 결의안을 통과시켰다. 로봇세 도입으로까지 이어지지 못했지만 한 걸음 다가서긴 한 것이다. 프랑스에서는 보편적 기본소득 재원 마련을 위해 로봇세 도입을 주장하는 법안이 발의되기도 했다. 미국 캘리포니아주에서도 일정 수준 이상의 매출을 올리는 로봇 활용 기업들에게 세금을 부과하자는 논의가 진행 중이다.

최근 몇 년 사이 AI 산업의 급격한 발달은 인간을 닮은 로봇, 휴머노이드 개발을 가속화하고 있다. AI가 로봇의 두뇌 역할을 하니 이제 로봇은 프로그래밍된 단순한 동작을 반복하는 기계가 아니다. 광범위한 데이터를 학습하고 이를 바탕으로 판단하고 행동하는 매우 고도화된 능동형 기계가 됐다. 이들의 활용이 늘면 늘수록 로봇세 도입에 대한 논쟁도 더 뜨거워질 것이다. 휴머노이드 로봇 영상을 유튜브나 뉴스 등을 통해 접할 때면 매우 흥미롭지만, 이들의 동작이 더 자연스러워지는 걸 느낄수록 무섭다는 생각이 들곤 한다.

외계 전함

테슬라 CEO 일론 머스크는 완전 자동화돼 인간의 개입이 최소화된 공장을 외계 전함(Alien Dreadnought)이라고 표현했다. 테슬라

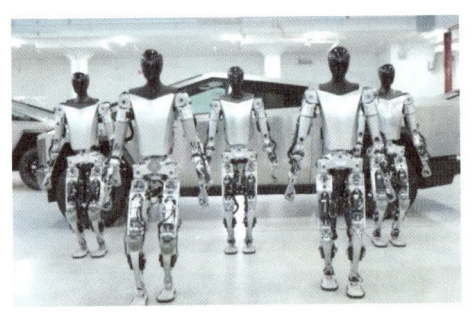
테슬라 봇(출처: 테슬라 공식 유튜브)

에서 개발 중인 휴머노이드 로봇, 옵티머스를 자신들의 공장에 활용한다는 계획인데, 당초 목표는 올해(2025년) 기가 팩토리라 불리는 테슬라 공장에 1,000대 이상을 투입하고 2026년부터 2030년까지 이른바 외계 전함 공장까지 간다는 목표였다. 수백 대의 테슬라 휴머노이드 로봇 옵티머스(Optimus)가 벌써 자재 이송이나 조립 등 제한된 범위에서 활용되고 있으며, 향후 보다 정밀한 작업까지 확대될 것으로 보인다. 다만 일론 머스크가 말한 100% 로봇으로 채워진 공장에 이르기까지는 시간이 더 필요할 것으로 보는 사람들이 많다.

일론 머스크가 100% 로봇 공장을 외계 전함이라 칭한 데는 지구상의 일반 공장과는 완전히 다른 외계에서나 볼 법한 첨단 공장이라는 상징적 의미가 들어있다. 또 테슬라의 휴머노이드 로봇, 옵티

머스의 개발이 사실 화성 프로젝트까지 연결된다는 점에서, 이것마저 염두에 둔 표현이라는 해석도 있다. 일론 머스크가 세운 또 다른 회사 스페이스X의 공식 계획을 보면, 무인 우주선에 옵티머스를 태워 화성으로 보내고 그곳에 대규모 공장을 만드는 로드맵이 나온다. 일론 머스크는 지구의 노동자를 로봇으로 대체할 계획뿐만 아니라 척박한 화성에서 공장을 짓고 일하는 것마저 로봇을 활용할 꿈을 꾸고 있는 것이다.

미국 건국의 숨은 공신 '감자'

반 고흐 〈감자 먹는 사람들〉

Ik heb n.l. wel terdeeg er op willen werken men de gedachte krijge dat die luidjes die bij hun lampje hun aardappels eten, met die handen die zij in den schotel steken zelf de aarde hebben omgespit en het spreekt dus van HANDENARBEID en van — dat zij hun eten zoo eerlijk verdiend hebben. Ik heb gewild dat het doe denken aan een gansch andere manier van leven dan die van ons — beschaafde menschen.— Ik zou dan ook volstrekt niet begeeren iedereen 't zoo maar mooi of goed vond.

— 반 고흐가 동생 테오에게 보낸 편지(네덜란드어 원문)

You see, I really have wanted to make it so that people get the idea that these folk, who are eating their potatoes by the light of their little lamp, have tilled the earth themselves with these hands they are putting in the dish, and so it speaks of MANUAL LABOUR and — that they have thus honestly earned their food.10 I wanted it to give the idea of a wholly different way of life from ours — civilized people. So I certainly don't want everyone just to admire it or approve of it without knowing why. (반 고흐 뮤지엄 제공 영문 번역본)

나는 사람들이 이 그림을 볼 때, 빛 아래에서 식사하는 저 사람들이 자기 손으로 땅을 일구고, 그 손으로 직접 감자를 캐서 먹는다는 걸 느꼈으면 해. 그래서 이 그림에는 노동이 담겨 있어. 자기 손으로 일해서 정직하게 얻은 음식을 먹는 사람들, 그들의 땀의 가치 말이야.

나는 이 그림이 우리처럼 '문명인'이라고 불리는 사람들의 삶이랑은 완전히 다른, 전혀 다른 방식의 삶을 보여 주길 바랐어. 그래서 사람들이 그냥 "좋다"거나 "멋지다"는 말만 하고 끝내지 않았으면 좋겠어. 이 그림이 왜 그렇게 보여야 하는지, 그 이유를 알고 봐 줬으면 해.

— 반 고흐가 자신의 동생 테오에게 보낸 편지 중에

↑ 빈센트 반 고흐, 〈감자 먹는 사람들〉

← 반 고흐의 편지를 볼 수 있는 곳

장 프랑수아 밀레, 〈이삭 줍는 여인들〉

농민 화가가 꿈이었던 반 고흐

반 고흐는 진정한 농민 화가가 되고 싶었다고 한다. 그가 목표로 삼았던 인물은 〈이삭 줍는 여인들(Des glaneuses)〉로 유명한 프랑스의 장 프랑수아 밀레였다.

〈감자 먹는 사람들(De Aardappeleters)〉은 한 농가의 저녁 식사 모습을 투박하게 담아 낸 그림이다. 고흐는 동생에게 보낸 편지에서 "농부들을 온화하게 보기 좋게 그리기보다 그들의 거친 모습(속성)을 표현하는 것이 더 좋은 결과를 가져왔다"고 적었다. 그래서 이 그림은 어둡고 투박하다. 램프 불빛 아래 모인 농부의 가족들이 김이 모락모락 나는 감자를 나눠 먹고 있지만 표정도 분위기도 즐거워 보이지는 않는다. 행복한 저녁 자리라기보다 삶에 지치고 노동에 힘겨운 그들의 삶이 드러나는 식사 자리다. 깨끗하게 씻어 쪄 낸 감자에서는 김이 모락모락 올라오고 포슬포슬 하얗지만 그들의 얼굴은 밭에서 막 캔 감자처럼 어둡고 칙칙하다. 감자를 들어올린 그들의 손 역시 거칠기만 하다. 고흐는 밭에서 감자를 캐던 그들의 모습이 이 그림에 표현되기를 바랐다고 편지에 적었다.

고흐가 이 그림을 그린 건 1885년. 그가 그림을 시작한 게 1881년이니 화가 고흐의 초기 작품에 해당한다. 우리가 아는 고흐의 스타일이 드러나기 시작한 건 1886년 그가 프랑스로 이주해 인

AlanMc, 아일랜드 대기근 조형물

상주의 화가들과 일본 판화(우키요에)의 영향을 받은 후부터이다. 하지만 이 당시 고흐는 〈감자 먹는 사람들〉을 자신의 최고 작품으로 꼽았다고 한다. 자신의 여동생에게 보낸 편지에 그는 "감자 먹는 농부를 그린 그림이 내 그림들 가운데 가장 훌륭한 작품으로 남을 것이라고 생각해"라고 적었다.

  이 작품이 처음 공개됐을 때는 어둡고 칙칙한 색감 때문에 대중에게 혹평을 받았다. 농민을 그린 그림인 데다 느낌마저 우울하니 귀

족들과 부자들이 좋아할 리 없었고 매일 같이 보는 자신들의 모습이 담긴 그림을 농민들도 반기지 않았다. 하지만 지금은 고흐의 후기 명작이 탄생하기 전, 초기의 스타일을 대표하는 작품으로 더 귀한 대우를 받는다. 더구나 사회적 메시지가 있는 명작으로 말이다.

콜럼버스의 교환으로 유럽에 들어온 감자

감자는 콜럼버스의 신대륙 발견의 산물이다. 남미 안데스 산맥 지역에서 자라던 감자가 유럽으로 들어온 것이다. 콜럼버스의 신대륙 발견으로 구대륙과 신대륙 사이에 서로 전해진 물건들을 보통 '콜롬버스의 교환'이라고 부르는데, 질병 또한 콜럼버스의 교환 중 하나이다. 사람과 물건이 오가니 질병들도 유럽과 신대륙에 서로 전파된 건데, 새로운 질병에 면역이 약했던 신대륙 원주민들의 피해가 더 컸다.

어쨌든 처음엔 가축용 사료나 가난한 하층민들의 식품 정도로 취급됐던 감자는 18세기 중반을 넘어서며 유럽 서민들에게 없어서는 안 될 주식으로 자리 잡는다. 감자와 관련된 유럽의 가장 큰 사건은 아일랜드 대기근이다. 감자 마름병이 유행하며 1845년부터 1852년까지 약 100만 명에 달하는 아일랜드 사람들이 굶주려 사망

한 사건이다. 당시 아일랜드 인구가 850만 명 정도였으니 주변 사람 10명 중 한두 명은 먹을 게 없어 고통받다 사망했다는 이야기가 된다.

아일랜드 대기근과 곡물세

아일랜드 대기근의 직접적 원인은 감자 마름병이 맞다. 하지만 100만 명이 죽을 정도의 대재앙으로 커진 건 영국 식민 통치의 구조적 문제가 있었다. 당시 아일랜드의 농장은 대부분 영국인 지주의 소유였고 아일랜드 사람들은 소작농이었다. 영국인 지주들의 대형 농장에서는 상품성이 높은 밀과 귀리 같은 작물 재배가 이뤄졌고 이런 작물들은 대부분 영국으로 들어갔다. 감자는 내수용으로 재배되거나 자투리 땅에서 소작농들이 생계를 유지하기 위해 재배되던 작물이다.

감자 마름병으로 감자 수확량이 줄고 사람들이 굶어 죽는 걸 보면서도 대지주들은 밀이나 귀리 등의 작물을 계속해서 영국으로 빼 갔다. 일부만 풀었어도 이렇게 많은 사람이 죽지 않았을 텐데 말이다. 영국 정부와 대지주들의 대기근에 대한 대응이 엉망이었다는 얘기이다.

프랑스의 악명 높은 세금 '가벨(소금세)'을 앞서 이야기했다. 이번에 이야기할 세금은 아일랜드 대기근에 한몫을 든든히 한 '곡물세'이다. 곡물세는 당시 영국이 수입하는 곡물에 물리던 세금, 일종의 관세였다. 아일랜드는 감자 마름병으로 감자 수확이 크게 줄자 값싼 미국의 곡물을 수입하고자 했다. 하지만 당시 아일랜드를 통치했던 영국은 곡물세를 더 높였다. 자국 시장 보호라는 명분하에 대지주들의 이권 보호를 위해서였다. 아일랜드는 미국의 싼 곡물을 수입하지 못했고 대기근은 더욱 심해졌다. 대기근으로 너무 많은 사람들이 죽자 영국은 1848년 곡물세를 폐지했다. 하지만 이미 때는 늦었고 영국의 대지주들은 곡물세가 폐지되자 아일랜드에서 생산된 밀을 본국으로 더 많이 빼내 갔다. 아일랜드는 12세기부터 영국의 침략과 식민 지배를 겪었다. 16세기에 들어서면서는 종교적 탄압도 견뎌야 했다. 성공회와 장로교만 인정했던 영국이 카톨릭을 믿었던 아일랜드를 탄압한 것이다. 아일랜드인들의 영국에 대한 반감은 이렇게 쌓여 왔고 대기근을 거치며 더 크고 깊어진다. 아일랜드 사람들은 당시 선택의 여지가 없었다. 그대로 남아 굶어 죽거나 아니면 살기 위해 떠나야 했다.

아일랜드인들의 대탈주

 18세기 초 영국을 떠나 미국으로 건너간 아일랜드인들은 대부분 종교적 박해를 피하기 위해 이주했다. 그러다 집단 탈출이 벌어진 건 대기근 시기이다. 먹을 게 없어 굶어 죽느니 새로운 기회를 찾겠다는 사람들이 미국행을 택한 것이다. 무려 100만 명이 넘는 아일랜드 사람들이 생존을 위해 미국으로 넘어갔다. 대기근으로 100만 명이 죽었고 100만 명은 미국으로 넘어갔으니, 당시 아일랜드 인구 1/4 가량이 사라진 셈이다. 어쨌든 이들은 신대륙으로 건너가 미국 건국에 중요한 역할을 한다.

 초기 미국 사회의 이민자 구성을 보면 아일랜드계는 독일에 이어 두 번째로 많은 인구를 차지하고 있었다. 미국 독립 전쟁에도 적극적으로 참여했는데, 영국 의회에서 '미국군 절반 이상이 아일랜드인'이라는 진술이 나오기도 했다. 독립선언서에 서명한 인물 중 8명이 아일랜드 출신이기도 하다. 지금도 아일랜드계 미국인들은 정치 사회적으로 미국 사회에 큰 기여를 하고 있다. 바이든 전 대통령을 포함해 역대 미국 대통령 중 20명이 아일랜드계이다. 지금 미국 인구의 10% 가량이 아일랜드계이기도 하다. 이런 현실을 감안하면 조금은 억지스럽지만 감자가 미국 건국의 숨은 공로자라는 표현도 가능할 것 같다.

미국 이민 사회의 모습을 다룬 〈갱스 오브 뉴욕〉

2002년 개봉한 19세기 뉴욕 이민자들의 삶을 다룬 〈갱스 오브 뉴욕(Gangs of New York)〉이라는 영화가 있다. 맨해튼의 다섯 거리 지역의 주요 이민자 집단과 토착민 사이의 갈등과 폭력, 정치적 부패 등을 다룬 영화이다. 이 영화 속에 등장하는 주요 이민자 집단은 아일랜드와 독일, 그리고 유대인과 아프리카 등 흑인 이주민 집단 등이다. 특히 이 영화의 주인공 레오나르도 디카프리오가 이끄는 집단이 바로 아일랜드계 이민자들이다. 당시 뉴욕 인구의 25%가 아일랜드계 이민자였다고 한다.

영화 속 "아일랜드 놈들은 흑인보다 저임금으로 일한다. 전부 쏴 죽여 버려야 한다"라는 대사는 대기근을 피해 미국으로 건너간 아일랜드 사람들이 생존을 위해 닥치는 대로 일을 했음을 보여 주고 있다. 흑인 등 미국 토착 하층민들이 하던 저임금 일자리마저 이들이 빼앗으니 서로 갈등의 골이 깊어질 수밖에 없었다.

1미터 높이로 감자를 쌓아
축구장 7만 개 채울 수 있다

　글로벌 감자 생산량은 383만 톤이다. 축구장에 감자를 1미터 높이로 올리면 약 5만 톤의 감자를 쌓을 수 있은데, 이런 방식으로 383만 톤의 감자를 쌓는다면 축구장 약 7만 개가 필요한 어마어마한 양이다. 글로벌 감자 시장 규모는 1,233억 달러(2023년기준), 우리 돈으로 환산하면 180조 원에 이른다. 테슬라가 올해(2025년) 1,300억 달러의 매출을 올릴 것으로 전망되니 이와 비슷한 규모라고 보면 되겠다. 감자 교역 규모는 연평균 2.8%~3.5% 정도로 지속 성장 중이다. 감자는 세계적으로 교역 규모가 크고 중요한 작물임에는 틀림없다. 하지만 교역 금액 기준으로 보면 옥수수, 대두, 밀에 이은 4위 작물이다. 세계 곡물 시장에선 옥수수가 가장 큰 시장을 형성하고 있는데, 2024년 기준 시장 규모가 3,080억 달러로, 감자 시장보다 두 배 이상 큰 규모이다.

　감자는 수요는 아시아가 압도적으로 많다. 연간 2억 400만 톤을 소비한다. 유럽의 소비량 1억 톤에 비해 두 배가 넘고 북미 2,800만 톤과 비교하면 아시아가 10배가량 더 소비한다. 이런 시장 특성상 자연스럽게 유럽과 북미의 감자가 아시아로 많이 수출된다. 하지만 감자는 신선식품이라는 특성상 장거리 유통이 힘드니 수출 물량의

50% 이상은 가공 상태로 수출된다. 냉동 프렌치 프라이나 감자 칩 등으로 말이다. 글로벌 감자 교역 규모는 1990년이후 2000년까지 큰 폭의 성장을 기록한다. 이때 갑자기 감자 교역 규모가 급증한 이유는 감자 수요가 이 시기 크게 늘어서라기보다는 냉동 가공 기술의 발달과 콜드체인이라 불리는 물류 기술의 발달 덕으로 봐야 한다.

우주로 가는 감자

〈마션(The Martian)〉이라는 영화에서 화성 탐사 중 조난을 당한 주인공 마트 와트니(맷 데이먼 분)는 생존을 위해 식용으로 가져온 생감자를 재배하는 모습이 나온다. 우주 기지에서 인분 등을 이용해 감자 재배에 성공하는데, 주인공 와트니는 영화에서 우주 식물학자이다. 우주에서 감자를 키운다는 설정이 황당하다 생각할 수 있지만 1995년 나사(NASA)와 미국의 위스콘신대는 실제 콜롬비아 우주왕복선에서 감자 재배 실험에 성공한 적이 있다. 감자는 적은 물과 비료로 여러 기후 조건에서도 잘 적응하는 작물이라 우주선이나 우주기지처럼 자원이 한정된 환경에서 재배가 가능한 작물로 분류된다. 또 탄수화물과 단백질, 식이 섬유는 물론 비타민, 칼륨 등 생명 유지에 필요한 필수 영양소도 갖추고 있다. 더구나 번식력

도 좋아 재생산에 유리하다는 점 등이 감자를 우주에서 키워 볼 만한 작물로 꼽히게 한다.

감자를 활용한 의료 바이오 연구도 활발

감자는 상처 패치나 뼈 재생, 인공 피부 등의 개발에도 활용된다. 감자 전분을 고온 건조 처리해 만드는 바이오멤브레인은 구조는 촘촘하지만 매끄러워 인체 세포에 해가 없고 강도가 매우 강해 의료용 소재를 만드는데 활용된다. 감자 단백질에서 유래한 하이드로겔 윤활제는 인공 윤활액로 연구가 활발하다. 기존 석유 기반의 윤활액보다 친환경적이고 식물 유래 물질로 인체의 거부감도 덜하다는 점에서 관절 이식 등의 인체 사용 가능성 연구가 진행되고 있다.

2장

세계를 잇는 무역과 금융의 비밀

피터르 브뤼헐, 〈맹인을 이끄는 맹인〉

얽히고설킨 글로벌 공급망

피터르 브뤼헐의 〈맹인을 이끄는 맹인〉

그냥 두라 그들은 맹인이 되어 맹인을 인도하는 자로다 만일 맹인이 맹인을 인도하면 둘이 다 구덩이에 빠지리라 하시니
- 마태복음 15장 14절

〈맹인을 이끄는 맹인〉

여섯 명의 맹인이 한 줄로 길을 걷고 있다. 길을 잃을까 앞 사람 어깨에 손을 올리고 지팡이 앞뒤를 나눠 쥐고 걷는 모습이 위태해 보인다. 선두에 선 맹인은 이미 넘어져 도랑에 빠졌고, 그를 의지

해 뒤따르던 두 번째 맹인과 그 뒤 세 번째 맹인도 위험해 보인다. 16세기 브라반트 공국에서 이름을 날린 피터르 브뤼헐의 〈맹인을 이끄는 맹인(Blind leading the blind)〉이라는 작품이다.

피터르 브뤼헐은 르네상스 시대 북유럽을 대표하는 화가 중 한 명이다. 속담 같은 것들을 주제로 풍자화를 많이 그렸는데, 종종 성경 속 이야기를 그림의 소재로 삼기도 했다. 이 그림도 예수가 제자들에게 했던 눈먼 이가 눈먼 이를 인도하는 어리석은 상황에 대한 성경 구절을 그림으로 옮긴 것이다. 예수는 당시 종교 지도자들인 바리새인들과 율법학자들을 '눈먼 자들'로 비유해 하느님의 뜻을 제대로 알지 못하는 영적으로 눈먼 지도자들이라고 꼬집었다. 또 이런 눈먼 자들을 무작정 따르면 결국 모두가 파멸(구덩이)에 이른다는 경고도 이 말씀에 담았다.

맹인들 배경엔 평화로운 교회가

흥미로운 건 브뤼헐이 여섯 명의 맹인 뒤편에 교회를 그려 넣었다는 사실이다. 교회 앞에는 이들을 지켜보는 사람도 그려져 있는데, 바라만 볼 뿐 위험에 빠진 이들을 위해 그 어떤 행동도 하지 않는다. 이는 당시 여러 사회 문제에 눈을 감은 교회의 방관자적 자세

⟨맹인을 이끄는 맹인⟩의 일부 확대

를 작가가 비판하고자 한 것으로 해석된다.

 이 그림에 사용된 색도 전반적으로 어둡다. 이 또한 작가의 의도가 들어있다고 해석하는데, 혼란스러운 사회상을 그림의 톤으로 표현했다는 풀이다. 실제 16세기 브라반트 공국(지금의 네덜란드와 벨기에)을 비롯한 유럽은 격동의 시기였다. 상업화의 진행은 돈을 번 중산층을 형성하게 만들었고, 이들은 정치적 영향력도 갖기 시작했다. 이는 봉건적 지배 질서를 흔드는 요소였고 종교 개혁으로까지 이어졌다. 종교 개혁의 물결이 유럽을 흔들며 가톨릭과 신교의 갈등도 깊어지기 시작한 때이다. 그림 전면에 배치된 6명의 맹인과 볼 수 없으니 갈 곳을 잃은 그들의 시선은 그래서 당시의 사회적 혼

란을 보여 주는 또 하나의 장치이다.

얽히고설킨 공급망

1995년 WTO가 출범하며 전 세계는 본격적인 자유 무역 시대로 들어섰다. 서로의 장벽을 최대한 낮추는 것이 서로의 발전에 도움이 된다는 믿음이 바탕이다. 이런 믿음은 18세기 중후반 《국부론》에서 자유 무역이 국가 전체의 부를 증대시킨다고 말한 애덤 스미스의 주장이 바탕이다. 또 데이비드 리카도가 펼친 '비교 우위론'도 이를 든든히 지지한다. WTO 체제 30년은 실제 전 세계 무역량을 크게 증가시켰고 그만큼 국가 간 상호 의존도는 높아졌다. 무역을 통한 국가 간 상호 의존성을 나타내는 글로벌 가치 사슬(Global Value Chain, GVC) 참여도가 이를 여실히 보여 준다. WTO체제 이전 5%에도 미치지 않던 GVC 참여도는 2000년대에 들어서며 30%를 넘더니 지금은 40%를 웃돈다. GVC 참여도가 40%를 넘는다는 건 어떤 물건을 만드는데 총 10개의 부품이 사용된다면, 이 중 4개 이상이 교역을 통해 조달됐다는 의미이다. 또 우리가 교역하는 물건 10개 중 4개 이상은 최종 생산품이 아니라 원자재 혹은 중간재 성격의 부품이라는 의미이기도 하다. GVC 참여도로 알 수 있듯 우리

는 좋든 싫든 각 나라가 얽히고설켜 살아가는 게 현실이다. 맹인들이 서로의 어깨에 손을 올리고 지팡이를 나눠 쥐고 길을 걷는 모습처럼 말이다. 누군가 넘어지거나 혹은 잘못된 길로 끌어간다면 그 피해는 혼자만의 것이 아님을 알아야 한다.

국제 무역의 기초
데이비드 리카도의 '비교 우위론'

비교 우위론은 데이비드 리카도가 1817년 자신의 저서 《정치경제학 및 과세의 원리》에서 주장한 이론이다. 그는 국제 무역 거래가 교역 상대국 모두에게 왜 이익이 되는지를 이 이론을 통해 수학적이고 논리적으로 설명했다. 오늘날까지도 비교 우위론은 국제 무역의 기본 원리로 받아들여진다.

데이비드 리카도

비교 우위론의 요지는 한 국가가 다른 국가보다 모든 상품을 더 효율적으로 생산할 수 있는 절대 우위에 있더라도, 상대적으로 더

잘하는 생산(비교 우위)에 집중하고 나머지는 교역해야 서로가 더 큰 이익을 얻는다는 주장이다. 그는 저서에서 영국과 포르투갈의 포도와 직물 생산을 예로 들어 이를 설명했는데, 여기에선 우리 생활에 조금 더 친숙한 상황으로 바꿔 생각해 보자.

  엄마와 아들이 있다. 청소와 설거지를 할 때마다 1만원 씩 돈을 벌 수 있다. 청소와 설거지 모두 엄마가 절대 우위이다. 엄마는 설거지에 1시간, 청소도 1시간 10분이면 끝낸다. 하지만 아들은 설거지는 2시간이 걸리고 청소는 1시간 30분을 써야 한다. 절대 우위로 보면 엄마가 청소와 설거지를 모두 하는 게 맞다. 하지만 리카도의 비교 우위론은 엄마는 설거지를 아들은 청소를 해야 서로에게 이득이라고 말한다. 왜 그럴까? 엄마는 두 일을 모두 해 2만 원을 버는 데 2시간 10분이 들지만 설거지만 하면 2만 원을 버는 데 2시간이면 된다. 아들 역시 엄마의 1시간 10분보다는 조금 더 많은 시간을 투입해야 1만 원을 벌지만 안 하는 것보다 훨씬 이익이며 1만 원 버는데 2시간이 걸리는 설거지를 하는 것보다 청소를 하는 게 더 많은 돈을 벌 수 있기 때문이다.

비교 우위론의 핵심은 기회비용

 기회비용은 어떤 것을 선택할 때 포기해야 하는 다른 가능성 또는 포기하는 가치를 말한다. 비교 우위론도 결국 내가 잘하는 것이 아니라 내가 가장 적게 손해보는 것을 골라 분업화해야 한다는 이론이니 기회비용을 따져 보라는 게 핵심이다. 어떤 사람이 회사를 관두고 식당을 차려 첫 달 이런 저런 비용을 제외하고도 500만 원을 벌었다고 해 보자. 비용을 다 제외하고 남은 돈이니 회계적으로 이건 순이익이다. 하지만 경제학에서는 이게 정말 순이익인지 알기 위해선 기회비용의 개념을 들이댄다. 그가 회사 다닐 때 받았던 월급, 다시 말해 식당을 차리기 위해 포기한 가치까지 종합적으로 고려해 계산한다는 이야기이다. 이 사람이 한 달에 500만 원 이상의 급여를 받고 있었다면, 그는 식당을 차려 수익을 낸 게 아니라 손해를 본 것이다.

미국 외 지역에서 생산한 아이폰에 25% 관세

 트럼프 미국 대통령은 자국 기업인 애플도 공개적으로 압박한다. 아이폰 등 애플의 주요 제품을 미국에서 생산하라는 요구이다. 그

는 트루스소셜에 "나는 미국에서 판매되는 아이폰이 인도 혹은 다른 나라가 아닌 미국에서 제조되기를 바란다"며 "그렇지 않으면 애플은 최소 25%의 관세를 내야 할 것"(2025년 5월 24일)이라고 썼다.

애플은 그럼 트럼프 대통령의 요구대로 아이폰을 미국에서 생산할 수 있을까? 안타깝게도 불가능에 가깝다. 애플은 제품 개발과 기획 그리고 유통 등은 자신들이 하지만 제조는 전적으로 외주를 통해 해결하는 대표적인 브랜드 오너(Brand Owner) 기업이다. 애플의 아이폰 1대에는 약 2,700개의 부품이 들어가는데, 28개국의 190여 개 부품 업체가 나눠서 생산한다. 스마트폰의 두뇌라 할 수 있는 칩셋은 대만의 TSMC가 주로 생산하며, 메모리는 삼성전자와 SK하이닉스가, 디스플레이는 삼성과 LG디스플레이가, 배터리는 중국의 ATL과 일본의 Murata가 주로 맡고 있다. 이렇게 각기 생산된 부품들은 폭스콘과 페가트론 등 중국 기업들에 의해 최종 조립된다. 그러니 미국 내 생산 비중이 5%도 안 되는 상황이다. 트럼프 대통령의 요구대로 미국 내에서 생산하려 해도 당장 할 수도 없고, 억지로 한다고 해도 엄청난 투자 비용을 감내해야 한다.

트럼프 대통령이 당장 다음 달부터 관세를 부과하겠다고 엄포를 놓자, 웨드부시증권 글로벌 기술 리서치 책임자인 댄 아이브스는 "복잡하게 형성된 애플의 생산 생태계를 미국으로 옮겨 오려면 엄청난 대가를 치러야 할 것"이라고 경고했다. 그는 "지금 1,000달러

정도인 아이폰의 가격이 3,500달러로 오르게 될 것"이란 전망도 내놨다.

눈먼 이에게 멱살 잡혀 끌려가는 세계 경제

미국 연방 법원이 트럼프 대통령의 상호 관세 부과에 제동을 걸었다. 헌법은 대통령이 아니라 의회에 과세 권한을 부여하고 있는데, 국제비상경제권한법(International Emergency Economic Powers Act, IEEPA)을 근거로 의회를 거치지 않고 관세 정책을 시행한 게 위법하다는 판결(2025.5.28.)을 내렸다. IEEPA는 1977년 제정된 미국 연방법으로, 국가 안보와 외교 정책 또는 경제에 있어 '특별하고 비상한 위협'이 발행했다고 판단되면 대통령이 국가 비상사태를 선포하고 외국과의 무역 및 금융 거래를 포함한 경제활동을 통제할 수 있도록 한 법이다. 재판부는 무역불균형 상황을 특별하고 비상한 위협 상황이라고 볼 수 없고, 관세가 단순히 타국을 압박하는 수단으로 이용된 것이어서 IEEPA 권한 범위를 초과했다고 봤다. 재판부는 트럼프 행정부가 발표한 상호 관세 시행을 영구적으로 금지한다고 판시했지만 백악관은 이날 바로 항소장을 제출했다. 항소 법원은 바로 다음날 상호 관세 무효 판결 효력을 2심 결과가 나올 때까지

정지시켰다. 뉴욕타임스 등 미국 언론들은 2심 결과가 어떻게 나오든 이 사건이 연방대법원까지 갈 것으로 전망했다. 언론들의 전망대로 지난 8월 말 항소 법원에서도 패소하자 트럼프 행정부는 이에 불복해 연방대법원에 상고를 제기했다. 대법원이 최대한 빠르게 소송을 진행하겠다고 밝히면서 연말 전에 결판이 날 가능성도 커졌다. 트럼프 행정부는 나름 믿는 구석이 있다. 총 9명으로 구성된 미국 연방대법원이 6대 3의 보수 우위 구도라는 점이다. 실제 대법원이 보수 쪽으로 기울다 보니 최근 트럼프 행정부의 정책에 힘을 싣는 판결이 잇따르고 있다.

대법 판결이 나오면 상호 관세와 관련된 불확실성이 제거될까? 그럴 가능성은 적어 보인다. 상호 관세가 합헌이라고 판단하면 더 기세 등등하게 관세의 칼춤을 출 테고, 위헌이라고 최종 결정하면 다른 법적 근거를 가져오거나 온갖 품목 관세를 활용해 사실상 상호 관세의 효과를 내려 할 가능성이 크기 때문이다.

TACO-Trump Always Chickens Out

미국 내부는 물론 전 세계 많은 나라가 트럼프 대통령의 예측 불가능한 행보에 우려와 조롱의 시선을 동시에 보낸다. 최근 미국 주

류 언론들은 'TACO'라는 신조어를 만들어 쓰기 시작했다. 'Trump Always Chickens Out', 즉 트럼프는 항상 내뺀다는 의미의 줄임말이다. 폭탄 같은 정책과 말들을 쏟아 내지만 결과물은 별 볼 일 없다는 건데, 대표적인 예가 145%에 달하던 중국에 대한 초고율 관세가 갑자기 30%(펜타닐 관세를 제외하면 사실상 10%)로 합의된 일이라고 하겠다. 트럼프는 이런 언론들을 향해 내뺀 게 아니라 이런 걸 전략이라고 한다며 발끈했지만, 그의 변덕을 보는 시선은 눈먼 이에게 글로벌 경제의 방향키를 맡긴 것 같은 불안함이 녹아 있다.

비너스의 피부와 달걀 모양 이론

산드로 보티첼리와 앙드레 코스톨라니

산드로 보티첼리는 일어나자마자 시장으로 향했다. 햇살은 눈부셨지만 한기가 채 가시지 않은 아침 바람은 제법 차가웠다. 옷을 여미며 급한 마음으로 시장에 들어서자 상인들이 익숙한 듯 인사를 건넨다.

"산드로~ 오늘도 일찍 나오셨네요~ 달걀 구하러 가세요?"

인사를 받는 둥 마는 둥 그의 걸음은 바쁘다. 달걀 상인들이 모여 있는 곳에 다다라서야 걸음을 멈춘 그가 대뜸 한 상인에게 말을 건다.

"오늘 아침에 낳은 가장 신선한 걸로 주게. 오늘은 얼마 받을 건가?"

"10개에 2솔디 주셔야 합니다. 아시면서 만날 가격 물어보시고

깎자고만 하십니까!"

상인의 말투에 짜증이 섞여 있다.

"10개에 1솔디 6데나리 합시다. 빨리 싸 주시게."

상인의 답을 듣지도 않고 그가 테이블에 돈을 꺼내 놓는다.

"아침 댓바람부터 만날 나타나서는 제일 좋은 놈으로 골라서 가져가면서 가격은 한 번도 제대로 쳐 준 적이 없어요. 화가님 정말 너무하십니다."

투덜거리며 상인이 산드로 보티첼리가 내민 가죽 가방에 짚과 함께 달걀을 푹 쑤셔 넣는다.

가죽 가방을 챙긴 산드로 보티첼리의 입가에 미소가 번진다.

"됐어! 오늘은 비너스의 백옥 같은 피부에 생명을 불어넣을 수 있겠군."

화가와 달걀 장수

이른 아침부터 산드로 보티첼리가 장터에서 달걀 장수와 흥정을 한 이유는 템페라(Tempera) 때문이다. 템페라는 색을 내는 안료에 달걀의 노른자를 섞어 만든 일종의 물감이다. 이 물감으로 그린 그림을 통칭해 템페라 또는 템페라화라고 부른다. 화학 물감이 개발

되기 전 화가들은 색을 구현할 안료를 주변에서 직접 찾았다. 또 안료가 변색되지 않고 오래가도록 하는 방법도 끊임없이 연구했다. 그런 연구 결과 중 하나가 템페라이다. 일반적으로 템페라는 곱게 간 안료에 달걀노른자와 식초, 무화과즙 등을 섞어서 만들었다고 알려져 있다. 상황에 따라 꿀이나 우유를 섞기도 했다고 한다. 이런 템페라의 재료를 다 모아 놓으면 이게 그림의 재료인지 요리의 재료인지 헷갈릴 것 같기도 하다. 템페라에 들어간 식초는 천연 재료들이 상하는 걸 막아 줬고, 달걀노른자는 섞여 있는 재료들이 잘 결합하도록 돕는 역할을 했다. 또 달걀노른자는 마르는 과정에서 산소와 만나 얇은 막을 형성하는데. 이게 그림의 보존력을 높였다고 한다. 템페라는 화학의 발달로 합성 물감이 등장하기 전까지 화가들에게 가장 사랑받는 물감이었다. 하지만 단점도 있다. 너무 쉽게 마른다는 점이다. 그래서 많이 만들어 놓지 못하고 매번 그릴 때마다 새로 만들어야 했다. 화가들이 이른 아침마다 시장을 찾아 상인들과 달걀 수량과 가격 등을 흥정한 이유이다.

산드로 보티첼리의 〈비너스의 탄생〉

산드로 보티첼리는 이탈리아 르네상스 시대 대표 화가이다. 그는 신화나 종교적 주제를 그림에 다룬 것으로 유명하다. 그의 대표작이 바로 〈비너스의 탄생(The Birth of Venus)〉이다. 사랑과 아름다움의 여신 비너스가 바다 거품에서 태어나 육지로 올라오는 모습을 생생하게 담은 그림이다.

산드로 보티첼리는 이 작품에 템페라의 특성을 잘 활용했다. 특히 비너스의 아름답고 투명한 피부톤, 푸른 바다와 하늘의 자연스러운 색감을 살리기 위해 템페라를 활용했다. 앞서 템페라의 단점으로 언급한 빨리 마르는 특성은 템페라로 그린 그림들의 독특한 스타일을 만들어 냈는데, 색을 칠하는 사이 굳어 버리니 얇게 여러 번 칠하며 그릴 수밖에 없었고 그래서 템페라화는 표현이 매우 정교하고 세밀하다. '비너스의 탄생'에도 이런 특징은 잘 드러난다. 그림 중앙을 차지하는 비너스의 생동감 넘치는 금색 머리카락과 매끈하면서도 생기 있는 피부 톤은 템페라의 특징을 제대로 보여 준다.

산드로 보티첼리, 〈비너스의 탄생〉

르네상스 시대 이탈리아의 화폐 단위

산드로 보티첼리의 〈비너스의 탄생〉이 그려졌던 르네상스 시대 이탈리아에서 사용한 화폐는 플로린, 솔디, 데나리 등이다. 1플로린은 20솔디, 1솔디는 12데나리였다. 그러니 앞서 상인이 신선한 달걀 10개를 2솔디에 팔겠다는데, 산드로 보티첼리가 1솔디 6데나리에 사겠다고 한 것은 가격을 25%나 깎으려 한 것이다. 그럼 당시 시세로 신선한 달걀 10개가 2솔디면 비싼 걸까 싼 걸까? 르네상스 시대 달걀 가격에 대한 구체적 기록은 명확히 남아있지 않다. 하지만 달걀 하나에 1~2데나리 정도였을 것으로 추정한다. 르네상스 시대 1플로린이 지금 화폐 가치로 약 150달러 정도라고 하니, 1플로린이 240데나리라는 걸 감안하면, 1데나리의 값어치는 0.625달러 수준으로 보면 되겠다. 달걀 1개 가격이 우리 돈으로 860원쯤(환율 1,380원 기준) 했다는 얘기이다. 지금처럼 대규모 사육 시스템을 갖추지도 않았을 텐데, 꽤 저렴한 가격에 달걀을 사고 판 셈이다.

대량 생산 체계가 갖춰지지 않았음에도 저렴한 달걀 구매가 가능했던 것은 특별한 투자와 노력없이 닭과 달걀이 방목 환경에서 생산됐기 때문으로 보인다. 더구나 현재에 비해 수요도 상대적으로 많지 않았으니 초과 수요도 별로 많지 않았을 것으로 추정된다. 지금처럼 달걀의 수요가 폭발적으로 많은 상황에서 대규모 사육 시

스템이 갖춰지지 않았다면 달걀은 서민들은 엄두도 못 낼 가격을 받았을지도 모른다. 실제 지금은 자연 방목을 통해 생산된 달걀이 일반 달걀보다 2배가량 가격이 비싸다.

앙드레 코스톨라니의 '달걀 모양 이론'

앙드레 코스톨라니는 유럽의 워런 버핏이라 불리는 투자 대가이다. 헝가리에서 태어나 주로 프랑스 금융가에서 활동했는데, 단기 시장 변동에 흔들리지 않는 장기 투자를 강조한 인물이다. 그가 남긴 가장 유명한 말이 "우량주를 몇 종목 산 다음, 수면제를 먹고 몇 년 동안 푹 자라"이다. 실제 그는 모두가 두려움에 떨 때 과감한 투자로 엄청난 수익을 올렸는데, 대표적인 예가 1차 세계대전 이후 1930년 독일이 발행한 이른바 영 본드(Young Bond) 투자이다. 영 본드는 독일 정부가 1차 세계대전 패전 배상금 문제를 해결하기 위해 발행한 채권이다. 하지만 히틀러가 2차 세계대전을 일으키기 전 채무불이행을 선언하며 휴지 조각 취급을 받았었다. 하지만 앙드레 코스톨라니는 2차 세계대전이 끝난 1946년 이 채권을 집중 매수해 5년 뒤에 팔아 1,400%에 이르는 수익을 올린다. 앙드레 코스톨라니는 독일이 전후 국제사회에 복귀하기 위해서는 채무불이행을 해

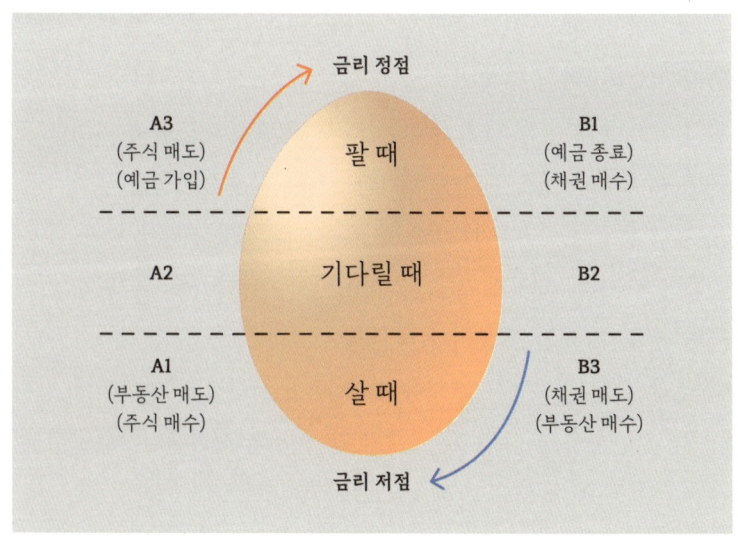

결할 수밖에 없을 것이라고 확신했다. 실제 상환 가능성이 커지자 금융 시장에서 영 본드의 가격이 치솟았고 그는 250프랑에 산 채권을 3만 5,000프랑에 팔 수 있었다.

 템페라를 이야기하다 갑자기 앙드레 코스톨라니를 언급한 건 그가 주장한 '달걀 모양 이론(Egg Theory)'을 소개하고 싶어서다. 주식 시장의 순환 주기를 달걀 모양의 곡선으로 표현해, 시장의 흐름과 투자자의 심리를 설명한 이론이다. 달걀의 겉면을 따라 올라가는 건 주식 시장의 상승을, 반대로 내려가는 건 하락을 뜻한다, 앙드레 코스톨라니는 위에서 아래로 달걀을 삼등분해 가장 윗부분은 주식

을 팔아야 할 때 그리고 중간은 기다릴 때 아랫부분은 주식을 살 때로 규정했다. 다시 말해 주식이 하락해 투자 심리가 극도로 부정적인 침체기에 주식을 사고 투자 심리가 과열돼 가격이 최고점에 도달할 때 주식을 매도하라는 얘기다. 그럼 주식 시장의 고점과 저점을 어떻게 알 수 있을까? 앙드레 코스톨라니가 제시한 기준 중 하나는 금리이다. 금리가 높을 경우 사람들은 주식보다 안정적인 이자를 받을 수 있는 예금이나 채권을 선호하게 되고, 금리가 낮아지면 조금이라도 더 높은 수익을 찾아 주식 시장으로 이동한다고 봤다. 매우 간단하고 다들 아는 얘기 같지만 이 이론은 80여 년이 지난 지금도 주식 투자의 기본으로 여겨진다.

트럼프의 '관세' 한마디에 춤추는
주식 시장, Buy The Dip?

지난 4월 트럼프 미국 대통령의 일방적인 상호 관세 부과 발표 이후 글로벌 금융 시장의 최대 변수는 미국의 관세 정책이 됐다. 관세 부과 시기부터 유예 여부 또 확정된 관세율까지. 뉴스가 나올 때마다 주식 시장은 물론 채권시장까지 출렁거림을 반복하고 있다. 매일 오르거나 내리는, 변동성을 안고 사는 금융 시장이라지만 하

루가 멀다 하고 방향이 바뀌고 그 진폭이 커지니, 시장 참여자들은 괴로움을 토로한다. 주식 시장은 탐욕과 두려움으로 움직인다고들 한다. 탐욕 때문에 실제 가치보다 주가가 더 오르는가 하면 두려움 때문에 본질 가치를 지키지 못하고 주가가 더 아래로 빠지기도 한다는 얘기이다. 앙드레 코스톨라니는 그래서 전체 투자금의 30%는 대중과 같은 방향으로 움직이고 70%는 대중과 반대 방향으로 움직일 것을 제안했다. 앙드레 코스톨라니의 제안을 받아들인다면, 트럼프 관세 이슈에 대중들이 두려움에 떨며 주식을 내던질 때 우리는 주식을 매수해야 할지도 모를 일이다. 실제 미국 투자자들 중에서는 트럼프 대통령의 강한 발언이 나올 때마다 이른바 BTD(Buy The Dip, 저점 매수)전략을 구사하는 사람들도 꽤 있다. 트럼프 대통령의 상호 관세 카드가 무언가를 얻어 내기 위한 협상의 수단, 시쳇말로 '뻥카'일 뿐이라고 보고 있기 때문이다.

독일의 1차 대전 패전 배상금 1,320억 금 마르크

1차 세계 대전이 끝나고 1919년 패전국인 독일은 연합국과 파리 교외의 베르사유 궁전 '거울의 방'에서 베르사유 조약을 맺는다. 베르사유 조약은 강화조약(講和條約)으로, 전쟁 종료와 함께 평화 회

복, 영토, 배상금 등의 조건을 규정한 조약이다. 이 조약에서 결정된 독일의 전쟁 배상금은 1,320억 금 마르크였다. 당시 환율을 적용해 미국 달러로 계산하면 27.5억 달러 규모이다. 지금과 그때의 화폐 가치를 동등하게 놓고 평가할 수 없으니 연간 인플레이션을 3%로 가정해 현재의 가치로 추정해 보면 약 631억 달러가 나온다. 우리 돈으로 92조 원이 넘는 규모이다. 달리 계산해 볼 수도 있다. 당시 독일의 금 마르크는 0.358그램의 금으로 교환 가치가 있었다. 이때는 금 본위제를 아직 포기한 시대가 아니었다. 그러니 1,320억 금 마르크를 금의 무게로 환산하면 4만 7,256톤이 나온다. 이걸 다시 지금의 금 시세(온스 당 4,000달러)로 계산하면 약 6조 달러, 우리 돈 8,500조 원이 넘는다.

종이 마르크의 등장과 하이퍼 인플레이션

독일은 이런 막대한 전쟁 배상금을 지불하기 위해 결국 금 본위제를 포기한다. 아니 포기할 수밖에 없었다. 종이 마르크(지폐)가 발행됐는데, 엄청난 인플레이션을 겪어야 했다. 1918년 1금 마르크는 2종이 마르크로 교환 가능했다. 하지만 불과 1년 뒤인 1919년 말에는 1금 마르크가 10종이 마르크에 거래된다. 종이 마르크의 발

1920년 발행된 1,000 마르크 화폐

행이 크게 증가했기 때문이다. 화폐 가치가 10배나 하락했다는 건 물건 값이 10배나 올랐다는 의미이다. 독일 경제는 사실상 붕괴됐고 정치적 불안정과 사회적 혼란은 심화됐다. 결국 1924년 미국 주도로 이른바 도스 플랜(Dawes Plan)이 실행되는데, 도스 플랜은 당시 미국 재무장관이었던 찰스 G. 도스가 주도해 독일의 배상금을 줄이고 외국에서 대출을 받아 배상금을 갚을 수 있는 환경을 마련해 준 일종의 독일 배상금 해결책이었다. 독일 경제는 이를 통해 조금 살아나는 듯했지만 1929년 대공황이 발생하며 다시 침체에 들어간다.

영 플랜과 영 본드

　1929년 미국 주도로 한 번 더 독일 배상금 부채 조정을 위한 계획이 실행된다. 영 플랜(Young Plan)이다. 영 플랜은 독일의 배상금을 장기 상환 방식으로 바꾸는 게 골자였다. 독일의 배상 협의를 도왔던 미국 사업가 오웬 영의 이름을 따서 이 계획을 영 플랜이라 부르고, 당시 독일이 발행한 채권을 영 본드(앙드레 코스톨라니가 투자해 1,400%의 수익을 올린 바로 그 채권)라고 칭한다. 만기 35년에 연 5.5% 이자 지급 조건으로 발행해 3억 금 마르크의 자금을 독일은 조달했다. 앞서 계산 한 방식을 사용해 보면, 1금 마르크가 약 0.358그램이니 107.4톤 정도의 자금을 독일이 이 영 본드를 발행해 유치한 셈이다. 물론 일부는 독일 재건 비용에 사용됐지만 3분의 2 이상은 전쟁 배상금으로 영국과 프랑스 등에 지급됐다. 이런 노력에도 불구하고 독일의 전쟁 배상금 부담은 지속해서 독일 경제를 짓눌렀다. 더구나 대공황까지 본격화되며 독일은 최악의 상황으로 빠져든다. 히틀러는 이런 환경에서 등장했고, 독일은 1934년 모든 외채에 대한 지불 유예(모라토리엄)를 선언한다. 그리고 1941년 6월 결국 2차 세계대전을 일으켰다.

유대인은 어떻게 금융을
꽉 잡았나?

쿠엔틴 마시스 〈환전상과 그의 아내〉

네가 만일 너와 함께 한 내 백성 중에서 가난한 자에게 돈을 꾸어 주면 너는 그에게 채권자 같이 하지 말며 이자를 받지 말 것이며
　네가 만일 이웃의 옷을 전당 잡거든 해가 지기 전에 그에게 돌려보내라
　-출애굽기 22장 25절~26절

네가 형제에게 꾸어 주거든 이자를 받지 말지니 곧 돈의 이자, 식물의 이자, 이자를 낼 만한 모든 것의 이자를 받지 말 것이라
　타국인에게 네가 꾸어 주면 이자를 받아도 되거니와 네 형제에게 꾸어 주거든 이자를 받지 말라 그리하면 네 하나님 여호와께서

네가 들어가서 차지할 땅에서 네 손으로 하는 범사에 복을 내리시리라
-신명기 23장 19~20절

성경에 나오는 이자를 받지 말라는 언급은 유대인이 유독 금융에 강한 이유를 풀어내는 열쇠 중 하나이다.

쿠엔틴 마시스가 그린 〈환전상과 그의 아내(The moneylender and his wife)〉라는 작품부터 감상하자. 중년의 남성과 아내가 테이블에 앉아 있다. 남성은 돈을 세고 있고, 책을 넘기는 듯한 동작을 하는 부인은 남편의 돈 세는 모습을 지켜보고 있다. 쿠엔틴 마시스는 종교적 소재의 그림을 주로 그렸는데, 세밀하고 정교한 묘사가 작품의 특징이다.

네덜란드 폴랑드 지역에서 주로 활동한 쿠엔틴 마시스는 대장장이 출신이었다. 선천적으로 몸이 약해 대장장이 일을 계속하지 못했고, 생계 유지를 위해 그림을 그렸다고 알려졌다. 돈을 벌기 위해 인쇄물 같은 것들에 종종 그림을 그려 준 게 화가로 발을 들인 계기이다. 그의 그림은 디테일의 끝판왕인데, 이 작품 역시 그림 속 인물들의 옷부터 선반과 책상 위의 물건까지 그 표현이 섬세하기 이를 데 없다. 심지어 책상 위에 놓인 둥근 거울에는 반사된 창 밖 풍경이 그려져 있을 정도이다. 환전상의 아내가 펼친 책에도 조금 과

쿠엔틴 마시스, 〈환전상과 그의 아내〉

장하면 돋보기를 사용하면 읽어 내릴 수 있을 것 같은 글과 그림들까지 표현돼 있다.

쿠엔틴 마시스의 그림을 보는 또 하나의 재미는 그가 그림 속의 물건 배치나 인물의 표정으로 돈을 향한 인간의 탐욕을 풍자했다 점이다. 이 그림에서는 테이블 위의 돈과 책(성경), 그리고 손에는 성경을 잡고 있으면서 돈 세는 모습에 눈을 떼지 못하는 아내의 모습으로 나타난다. 당시 환전상은 지금으로 치면 전당포나 대부업자 정도로 볼 수 있다. 값나가는 물건을 담보로 잡거나 높은 이자를 받으며 돈을 빌려주는 일을 하는 환전상을 주변 사람들이 좋아했을 리 없다. 더구나 그들은 대부분 유대인으로 이방인 중에서도 핍박받는 사람들이었으니, 이들을 바라보는 사회적 시선이 그의 그림에 자연스럽게 녹아 있다고 봐야겠다.

유대인에게는 금융 DNA가 있는가?

유대인에게는 금융의 DNA가 있는 것일까? 쿠엔틴 마시스가 그린 환전상은 물론 셰익스피어의 희곡에 등장하는 고리대금업자 역시 유대인이다. 비단 그림이나 역사 속 인문들뿐 아니라 현실에서도 금융업을 좌지우지하는 사람들 중에 유대인을 찾는 건 어려운

일이 아니다. 투자의 현인이라 불리는 워런 버핏이 유대인이고, 전 세계 금융 시장을 움직이는 미국의 연준 의장 대부분이 유대인이었다. 인플레이션 파이터라고 불린 폴 볼커, 앨런 그린스펀, 벤 버냉키 그리고 재닛 옐런까지 근 40년간 연준 의장은 유대인의 몫이었다. 현 제롬 파월 의장은 유대인이 아닌데, 그가 지명됐을 때 언론들이 유대인이 아니라는 것에 더 호들갑을 떨 정도니 금융 시장의 유대인 파워는 대단하다.

유대인이 이처럼 금융 분야에서 두각을 나타내는 이유에 대한 여러 분석들이 있지만 그중 그래도 고개를 끄덕일 만한 것은, 역사적으로 이들이 할 수 있는 일이 돈 만지는 일밖에 없었다는 해석이다. 이들이 금융을 잘해서가 아니라 할 일이 이것밖에 없어 하다 보니 잘하게 된 것이라는 이야기인 셈이다. 앞서 언급한 성경 구절을 다시 살펴보자. 신명기 23장 19절의 "네가 형제에게 꾸어 주거든 이자를 받지 말지니"라는 구절에 주목할 필요가 있다. 이 문장을 뒤집으면 동족이 아니면 돈을 꾸어 주는 일을 해도 괜찮다는 의미가 된다. 그다음 절에는 친절하게도 "타국인에게 네가 꾸어 주면 이자를 받아도 되거니와"라는 구절까지 등장한다. 결국 종교가 세상을 지배한 시절, 기독교 교리에서 금지한 이자를 받는 일. 다시 말해 고리대금업 같은 금융업은 이방인 중에서도 가장 핍박받던 유대인들의 몫일 수밖에 없었다.

돈줄을 쥐니 정보가 모이고 권력이 생겼다.

금융시스템이 발달하지 않았던 중세 시대에 돈줄을 쥔다는 건, 지금보다 훨씬 더 중요한 의미를 가졌다. 돈은 당시 신분을 뛰어넘을 수 있는 유일한 도구였고, 지방의 제후나 권력의 정점에 있던 왕은 물론 종교 지도자들까지 움직일 수 있는 힘이 됐다. 결국 돈줄을 쥐는 건 권력을 잡는 것과 동일한 효과를 냈고, 권력자들과 교류한다는 건 독점적 정보를 얻거나 권력을 쉽게 이용할 수 있는 기회를 만들었다. 권력자들은 돈을 융통해 주는 금융업자(유대인)를 곁에 두고 싶어 했고, 시간이 지나면서 금융이 권력이 됐고 실제 권력을 휘두르는 일이 빈번히 일어났다. 가장 대표적인 곳이 그 유명한 로스차일드 가문이다. 이들은 초창기 프랑크푸르트 유대인 거주지(게토)에서 환전과 골동품업으로 출발해 유럽 왕실과 귀족들의 자금을 관리하며 막대한 부를 쌓았다. 나폴레옹 전쟁 시기 각국 정부에 전쟁 자금을 대며 유럽 국제 금융 시장의 중심에 올라선다. 로스차일드 가문은 철저히 유대교 전통을 지켰고, 유대인의 권익 신장과 시오니즘 운동을 적극 지원했다. 실제 팔레스타인 유대인 정착촌 건설을 후원했고, 오늘날 이스라엘 국가 건립에도 큰 역할을 했다고 알려진다.

월가 유대인 네트워크의 핵심, 골드만삭스

대표적 글로벌 투자은행 중 하나인 골드만삭스는 1869년 독일계 유대인 이민자 마르쿠스 골드만이 뉴욕에 세운 회사이다. 사위인 사무엘 삭스가 합류하며 회사 이름이 골드만삭스가 됐는데, 행상으로 시작해 어음 거래에 특화된 회사로 이름을 날렸다. 지금은 인수합병(M&A)은 물론 주식 및 채권발행, 자산운용과 프라임 브로커 등 다양한 금융 서비스를 제공하는 대표적인 글로벌 투자은행이다.

20세기 중반까지도 월가에는 채용을 제한하는 등 유대인에 대한 차별이 존재했다. 비단 금융권뿐 아니라 로펌 등 법조계는 물론 대학과 사교클럽에도 공식, 비공식 유대인 차별이 있었다. 골드만삭스는 이런 유대인 차별에 대응하는 유대인 네트워크의 핵심 역할을 했다. 채용은 물론 유대계 금융사들끼리 정보를 공유하고, 이를 통해 공동 투자에 나서거나 한단계 나아가 유대계 로펌, 정치, 학계와 연계해 자신들의 세력을 키우는 중심 역할을 했다.

대출로 먹고사는 은행과는 차원이 다르다

골드만삭스 같은 금융회사를 투자은행(Invest Bank)이라고 한다. 우리가 아는 일반은행과는 완전히 다른 회사이다. 우리나라에서 은행은 예적금으로 자금을 유치하고 이를 활용해 대출을 해 주고 이자로 돈을 버는 금융사이다. 이런 은행들은 상업은행(Commercial Bank)으로 분류된다. 그럼 투자은행들은 상업은행과 어떻게 다를까? 투자은행이 하는 일은 주식 발행부터 주식 매매 중개는 물론 자기 자본을 활용한 직접 투자, 그리고 M&A까지 다소 위험하지만 큰 수익을 추구하는 일들을 주력으로 한다. 이런 관점에서 보면 우리나라에서 증권사라고 부르는 회사들이 투자은행과 유사하다.

글로벌 투자은행 중 가장 큰 곳은 JP모건 체이스이다. 지난해(2024년) 기준으로 매출이 1,230억 달러(IB부문 81억 달러) 시가 총액이 6,700억 달러가 넘는다. 그다음이 골드만삭스와 뱅크오브아메리카로 이들 매출은 370억 달러(IB부문 81억 달러)와 850억 달러(IB부문 60억 달러) 정도이다. 우리나라 증권사 중 가장 큰 곳은 미래에셋증권인데, 이들의 2024년 기준 매출은 22조 원, 시가 총액은 10조 원 수준임을 감안하면 글로벌 IB들의 1/10 수준이라고 봐야겠다. 한참 멀었지만 그래도 2020년대 이후 정부가 추진한, 이른바 한국판 IB성장 전략을 통해 국내증권사들도 규모를 꽤 키운 상

태이다. 증권사들의 자기 자본을 4조 원 이상으로 만들겠다는 목표로 시작한 한국형 IB성장 전략은 시행 후 그래도 나름의 성과를 거두고 있다. 우리나라에서 가장 규모가 큰 증권사인 미래에셋증권과 한국투자증권의 자기 자본은 10조 원을 넘었고, NH투자증권도 자기자본이 8조 원까지 성장했다.

이건 도대체 얼마를 받아야 해?

장 앙트안 와토 〈제르생의 상점 간판〉

그림 가게 점원들이 루이 14세의 초상화를 상자에 넣으며 중얼거린다.

'이제 이 초상화도 창고 신세구만… 태양왕? 쯧쯧… 덧없는 거라고, 이제 당신을 찾는 사람은 없어….'

루이 14세가 죽자 왕권은 급속히 약화되고 있었다. 이런 분위기는 사회 전반으로 퍼졌고 그림 시장도 영향을 받았다. 왕족과 교회가 중심이었던 그림 시장에 부르주아 귀족 계급들이 속속 들어오기 시작한 것이다. 오늘도 한 귀족 부부가 제르생의 그림 가게에 들러 그림을 고르는 중이다.

눈치 빠른 제르생이 그들에게 다가가 그림을 설명하기 시작했다.

"와토 선생의 작품이랍니다. 우아한 님프와 목욕 장면이 아주 생동감 넘치게 그려져 있어요."

그림을 뚫어지게 보던 귀족 신사가 입을 연다.

"색감이 훌륭하군요. 맘에 드는데, 얼마에 파실 생각입니까?"

"이 정도 걸작이면 60루이(금화) 정도는 주셔야죠."

제르생이 재빨리 가격을 제시한다.

"60루이라고요? 제르생, 욕심이 좀 과하군요! 며칠 전 건너편 가게에서 샤르뎅 그림을 45루이에 구매했는데…."

제르생은 경쟁 가게를 언급한 것에 조금 기분이 상했지만 웃으며 말을 이어갔다.

"샤르뎅과 비교하시다니요! 샤르뎅의 작품은 정물화 같은 소박한 그림들이잖습니까. 와토 선생의 이 화려한 그림과 비교가 되나요? 더구나 샤르뎅의 정적인 그림이 집에 있다면 이제 이런 생동감 넘치는 그림이 더 필요하시겠네요."

잠시 눈치를 살피던 제르생이 귀족 부인을 보며 한마디를 더 얹는다.

"이렇게 교양 넘치는 부인 댁엔 이런 우아한 그림이 더 어울립니다."

제르생의 말주변에 부인의 입꼬리가 올라간다. 부인의 눈치를 보던 신사가 입을 연다.

"그럼 50루이로 합시다. 며칠 전 산 그림보다 가격을 조금 더 쳐 줄 테니 이 선에서 마무리합시다."

제르생이 점원을 부른다.

"이제 이 그림은 이 귀족 부부 소유다. 잘 포장해서 마차에 실어 드려라."

바로크가 로코코로 넘어가던 18세기

18세기 프랑스에서 활동한 장 앙투안 와토가 그린 〈제르생의 상점 간판(L'Enseigne de Gersaint)〉이라는 작품은, 와토가 자신의 친구이자 미술상이었던 프랑수아 제르생을 위해 단 8일 만에 완성한 그림이다. 실제 이 작품은 그림 가게의 간판으로 걸리기도 했다고 한다.

18세기 유럽의 미술 시장은 바로크 스타일이 로코코로 넘어가는 시기였다. 종교적이거나 신화적인 주제를 강력한 명암 대비로 그려내던 화가들이, 세속적 주제를 부드럽고 우아하게 화폭에 담아내기 시작한 시기이다. 〈제르생의 상점 간판〉은 전형적인 로코코 스타일을 보여 주는 그림으로, 귀족들의 근엄함 보다는 그림 가게에서의 일상적 모습이 세밀한 붓 터치로 그려져 있다. 더불어 루이 14세의 큰 초상화가 치워지는 모습까지 담기며 그림의 스타일을 넘어 그

장 앙투안 와토, 〈제르생의 상점 간판〉

장 앙투안 와토, 〈키테라 섬의 순례〉

림 속 메시지로도 시대가 변했음을 알리고 있다.

장 앙투안 와토는 로코코 스타일의 대표격인 페트 갈랑트(Fête Galante) 장르를 개척한 인물이다. 우아한 연회라는 뜻의 페트 갈랑트는 18세기 귀족들의 연회 장면을 화려하고 아름답게 표현한 그림들을 말한다. 와토가 그린 대표작이 〈키테라 섬의 순례(Embarquement pour Cythère)〉인데, '세 여자 사촌들'이라는 희곡에 등장하는 그리스 해안의 키테라 섬을 그린 작품이다. 화려한 옷을 입은 여러 쌍의 연인들과 그 주변을 날아다니는 큐피드의 모습이 담겨 있다. 로코코 스타일은 신화적 주제를 다루지 않는다면서 왜 큐피드가 그려졌나 싶지만 키테라 섬이 비너스가 탄생한, 연인들의 사랑이 이뤄지는 섬이라는 걸 알면 나름 이해가 된다. 이 그림은 당시 선풍적 인기를 얻었다. 당시 귀족들 사이에 유행처럼 번진 화려한 파티 문화와 그림 분위기가 딱 맞아 떨어졌기 때문이다. 강력한 왕권을 휘두르던 태양왕 루이 14세가 죽고, 자유로운 분위기에 파티를 즐기던 귀족들은 무거운 주제보다 가볍고 사랑스러운 연인의 모습이 표현된 이런 그림에 열광했다. 페트 갈랑트가 하나의 장르로 자리잡은 배경이다.

그림의 대중화는 그림 가격을 밀어 올렸다

　어떤 상품의 가격은 팔려는 사람과 사려는 사람의 절충점에서 정해진다. 이른바 수요와 공급 곡선의 교차지점이다. 경제학 전공자가 아니더라도 시장에서 가격이 형성되고 오르내리는 이유를 이 두 곡선을 활용해 설명하고 이해한다. 다만 이상적인 가격의 형성은 수요와 공급이 모두 충분할 때 가능하다는 전제를 잊어선 안 된다.
　이런 관점에서 그림 시장을 들여다보면 초기 미술 시장은 적절한 그림 가격이 형성되기 힘든 구조를 가지고 있었다. 왕과 귀족 그리고 종교화가 시장을 지배하던 시기 화가들은 의뢰된 그림을 그려 주는 일종의 고용 노동자에 불과했기 때문이다. 수요가 한정돼 있으니 제대로 가격이 형성될 리 없다. 그래서 당시 그림 가격은 재료비와 화가들의 노동 시간 정도를 고려한 선에서 책정됐다.
　그러던 게 14세기 들어 몇 가지 일들로 변화의 조짐을 보인다. 이탈리아 도시 국가들의 경제적 성장과 흑사병이다. 도시 국가의 성장은 상인 계급의 성장을 이끌었고 돈에 여유가 생긴 이들은 귀족들을 흉내내며 집안에 그림을 걸기도 했다. 새로운 수요는 초기 형태의 미술 시장을 만들었고 이때부터 인기 작가의 그림 가격은 조금 더 비싸게 형성되었다. 그럼 흑사병은 미술 시장에 어떤 영향을 줬을까? 많은 사람이 흑사병으로 목숨을 잃자 죽음의 두려움이 종

교화의 수요를 증가시켰다. 사람들은 종교화를 집에 걸어 두고 흑사병이 자신과 가족의 목숨을 앗아가지 않기를 빌었다. 저렴한 종교화 수요가 폭발하자 그림을 사고파는 시장이 형성되기 시작했다.

하지만 제대로 된 미술 시장의 형성은 17세기 네덜란드로 보는 견해가 지배적이다. 이 시기 상업적으로 큰 성공을 거둔 네덜란드에는 돈이 넘쳐났고, 종교 개혁 영향으로 수많은 미술가의 실험적 작품들이 쏟아졌던 시기이다. 수요와 공급이 적절히 일어나니 미술 시장은 커졌고 인기 작가들의 작품 가격은 크게 올랐다. 가격이 오르는 걸 경험한 사람들은 그림이 단순한 예술 작품이 아니라 투자 대상이 될 수 있겠다는 생각을 하게 된다. 개인 전시회가 열리고 갤러리가 생겨나고 경매 시장까지 등장하며 조직적이고 상업적인 그림 거래가 이뤄졌다. 17세기 네덜란드는 현대 미술 시장의 틀이 갖춰지기 시작한 곳이다.

적정 가격이란 무엇일까?

우리는 살면서 종종 적정 가격에 대한 논쟁을 벌인다. 대표적인 게 아파트 분양가이다. 땅값과 건축비 등을 근거로 분양가가 적절

한지 여부를 논한다. 그래서 등장한 게 분양원가 공개 제도이다. 하지만 분양가에 가장 큰 영향을 미치는 요소는 사실 주변 아파트 시세인 경우가 많다. 아파트를 건축하는 데 들어간 돈이 얼마든 그 아파트를 비싸게 사려는 사람들이 많으면 결국 그게 매매 가격이 되니 말이다. 생각해 보면 에르메스나 샤넬 같은 명품 브랜드 가방도 그렇다. 몇 백 몇 천만 원에 팔리는 이 가방들을 만드는 데 원가가 얼마냐를 따지는 건 무의미 하다.

 그렇다면 기업들의 적정 가격은 어떻게 정해질까? 기업의 가치를 평가하는 기본은 해당 기업이 소유한 자산을 계산해 보는 것이다. 회사 금고나 은행 계좌에 얼마의 돈이 있는지, 건물이나 부동산은 가지고 있는지, 공장에 설비는 얼마의 가치가 있는지를 따져본다. 여기서 끝이 아니다. 그다음으로 회사가 어느 정도의 매출을 올리고 또 이를 통해 이익은 얼마나 보고 있는지도 살핀다. 그래야 앞서 계산한 회사의 자산이 매해 늘어날지 혹은 줄어들지를 가늠할 수 있기 때문이다. 여기가 끝이라면 얼마나 좋겠는가? 하나를 더 봐야 하는데, 회사가 앞으로 어떻게 될 지를 예측하는 것이다. 완벽할 순 없지만 매출은 얼마나 더 늘어나고 이익률은 개선될 여지가 있는지, 회사의 경쟁력과 시장지위 등을 고려해 계산해 낸다.

 '이거 너무 복잡하고 어려운데 다른 사람이 좀 계산해 주면 안 되나?'라는 생각이 든다면, 주식 시장을 보면 된다. 수많은 사람이 나

름의 계산으로 회사를 수시로 사고 파는 곳이 주식 시장이다. 자신이 계산한 것보다 싸게 나오면 사고, 반대로 비싸게 나오면 팔아 수익을 챙긴다. 일종의 집단 지성이 회사의 적정 가격을 매일매일 만들어 가는 곳이 주식 시장이다. 그래서 일반적으로 기업 가치를 얘기할 때 우리는 해당 회사가 발행한 주식 가치의 총합인 시가 총액을 사용한다.

현재(2025년 10월 말) 전 세계에서 기업 가치(시가 총액)가 가장 높은 곳은 엔비디아라는 회사이다. 그 뒤를 마이크로소프트와 애플이 쫓고 있는데, 이 회사들의 시가 총액은 모두 3조 달러가 넘는다. 원화로 환산하면 각 회사의 가치가 4,000조 원을 넘는다는 얘기이다. 우리나라 상장 기업 중 가장 비싼 기업은 삼성전자로, 시가 총액(2025년 10월 말 기준)이 570조 원을 조금 넘는 수준이다. 달러로 환산하면 4,070억 달러(환율 1,400원 기준) 수준이니, 마이크로소프트나 엔비디아의 1/10 수준에 불과하다.

(2025년 10월 말 기준)

순위	기업명	시가총액(원)	주요 분야
1	엔비디아	약 4,585조	반도체, 인공지능
2	마이크로소프트	약 3,821조	소프트웨어, 클라우드 컴퓨팅
3	애플	약 3,677조	IT, 소비자 가전
4	알파벳	약 2,955조	인터넷 서비스, 크라우드 컴퓨팅
5	아마존	약 2,347조	전자 상거래, 클라우드 컴퓨팅

미국 증시 시가총액 상위 기업

기업 공개와 공모가 산정 방법

그럼 주식 시장에서 거래를 시작할 때 첫 가격인 공모가는 어떻게 결정할까? 누군가 가격을 제시해야 비싸다 싸다는 평가를 내리고 주식 시장에서 사거나 팔거나 하는 행위가 일어날 테니 말이다. 이런 저런 조건이 좀 까다롭고 정해진 절차들이 있어서 그렇지 시장에 물건을 내놓고 파는 과정과 크게 다를 건 없다. 예를 들어 귀농을 해 수박 농사를 지은 사람이 자신이 수확한 수박을 처음으로 시장에 내놓고 팔려 한다고 생각해 보자. 얼마를 받아야 하는지 고민하면서 수박을 키우며 들인 비용과 시간(노동) 등을 따져 보기도 하겠지만 그보다 시장에 나가 자신이 팔려는 수박과 크기와 당도가 비슷한 수박이 얼마에 팔리는지를 보고 가격을 정할 것이다. 이런 방식을 상대 가치 평가법이라고 하는데, 주식 시장에 신규 상장하는 회사들의 공모가(첫 거래 가격)를 정하는 가장 일반적인 방법이다.

라면을 파는 회사라면 삼양식품이나 농심 같은 회사들과 비교하고, 반도체를 만드는 회사라면 삼성전자나 SK하이닉스 등과 비교한다. 단순히 주식 가격만 비교하는 게 아니라 회사가 올리는 이익 대비 주가가 어느 정도로 평가받는지를 나타내는 지표인 주가 수익 비율, PER(Price Earning Ratio)을 비교해 결정한다

다만, 이런 과정을 거치기 전 상장하려는 기업들이 먼저 해야 할 일들이 있다. 일단 어떤 기업이 주식 시장에서 거래를 시작하려면 상장 예비 심사라는 일종의 자격 시험을 치러야 한다. 이걸 통과하면 우린 이런 기업이라는 자기소개 시간을 갖는다. 이 과정을 기업 공개(Initial Public Offering, IPO)라고 부른다. 어떤 일을 해서 돈을 버는 회사인지 또 지금까지 얼마나 잘해 왔는지, 앞으로는 얼마나 더 잘 할 수 있는지 등을 구체적 근거를 들어 제시하고 상세히 기록해 문서로 공개해야 한다. 이런 걸 공시라고 한다. 여기에는 회사의 주요 주주들은 누구이며 주식을 얼마나 보유하고 있고 이번 기업 공개를 통해 새로 발행할 주식의 수량은 얼마나 되며 이렇게 주식을 새로 발행해 투자 받은 돈은 어떻게 사용할지도 모두 기록한다. 투자자들은 이런 자료를 바탕으로 이 회사의 적정 가치를 계산하고, 회사가 정한 공모가와 비교해 투자 여부를 결정하는 것이다.

주식 투자의 만능 공식 'PER'

PER은 주가 수익 비율로, 주가를 주당순이익으로 나눠서 구한다. 주가가 주당수익의 몇 배에 형성돼 있는지를 보는 지표이다. 같은 수준의 이익을 내는 회사라면 주가가 높을수록 PER이 높게 나온다.

$$PER = \frac{주가}{EPS} = \frac{\frac{시가총액}{주식수}}{\frac{순이익}{주식수}} = \frac{시가총액}{순이익}$$

다시 말해 같은 수준의 이익을 내고 있음에도 PER이 낮다는 건 그만큼 주가가 상대적으로 저평가 돼 있다고 볼 수 있고, 반대라면 고평가됐다고 판단할 수 있다는 의미다. 그래서 특정 회사를 기준으로 삼지 않고 같은 업종의 평균 PER을 기준으로 어떤 회사의 PER이 이보다 낮으면 저평가, 높으면 고평가되었다고 판단한다. 우리가 건강함의 척도를 몸무게 대비 근육량으로 판단하다고 가정했을 때 몸무게가 같을 때 근육량이 많은 사람을 더 건강하다고 판단하거나 혹은 몸무게는 얼마 나가지 않아도 근육량이 충분하면 건강하다고 판단하는 것과 비슷하다.

애널리스트들은 상장사 목표 주가를 어떻게 정할까?

이렇게 간단하게 만들어지는 지표인 PER은 주식 투자자들에게 있어 매우 유용하다. 유명 쉐프들이 여러 음식을 만들 때 간단한 레

시피로 미리 만들어 놓고 사용하는 만능 소스처럼 PER은 주식 투자에 있어 활용도가 매우 높다. 'PER=주당 가격/주당순이익'이란 공식을 중학교 수학 시간에 배운 1차 방정식을 활용해 '주당 가격=PER×주당순이익'으로 바꿀 수 있기 때문이다. 이런 식으로 우리는 이 공식에서 2개의 변수를 알면 나머지 하나를 얼마든지 구할 수 있다. 다시 말해 앞서 우리가 어떤 기업의 주가가 고평가인지 저평가인지를 판단하는 기준을 업종 평균 PER이라고 했으니, 업종 평균 PER을 알고 해당 기업의 주당순이익을 알고 있다면 해당 회사의 적정 주가를 구할 수 있다는 얘기가 된다. 증권사 애널리스트들이 어떤 기업의 목표가를 정하고 혹은 투자의견으로 매수나 매도 등을 제시할 때 이런 방식을 사용한다. 목표가는 해당 회사의 예상 실적(이익)을 기반으로 업종 평균 PER은 있으니 주가를 계산해 목표가를 제시하고, 현재 해당 기업의 현재 주가와 비교해 매도, 중립, 매수 등의 의견을 제시한다.

쇠라의 점묘화와
FOMC 점도표

조르주 쇠라 〈그랑드 자트 섬의 일요일 오후〉

조르주 쇠라가 커다란 캔버스를 앞에 두고 다가왔다 멀어졌다를 수없이 반복하고 있다.

그의 눈앞에 이제 곧 완성될 〈그랑드 자트 섬의 일요일 오후〉가 펼쳐져 있다. 몇 년에 걸쳐 수많은 습작을 거쳤고, 절대 서두르지 않았다. 색색의 수많은 점들이 지닌 의미를 다시 한번 곱씹으며 마지막 점들을 찍기 시작한다.

쇠라의 붓은 결코 무작위로 움직이지 않는다. 물감의 점도도 철저히 계산된 것이다. 찍은 점들이 번지지 않고 또렷하게 남아야 하니 붓끝도 반듯하게 세워서 찍어야 한다. 밝은 색의 점을 광범위하게 찍으며 잔디 위는 녹색 계열을, 사람들의 옷과 나무를 표현할 때

는 원색들을 섞어 가며 수없이 많은 점을 찍었다.

 쇠라는 계속 실험하며 점과 점 사이의 간격은 물론 점의 크기까지도 정했다. 그의 습작들은 단순히 연습이 아니다. 그것들은 하나하나가 과학적 실험이었고 기록이었다. 쇠라는 수많은 점이 만들어내는 광학적 혼합에 매료돼 있었다.

 자, 이제 쇠라의 마지막 점이 캔버스 위에 찍히는 순간이다. 미세한 파란 점 하나가 강변의 그늘을 완성하고 노란 빛의 점은 햇살을 더 찬란하게 살린다. 그는 심호흡을 하고 붓을 내려놓는다.

 한 걸음 두 걸음 뒤로 물러설 때마다 그의 눈에는 빛과 색 그리고 수학적 정밀성이 더해진 강변의 아름다운 공원 모습이 더 선명하게 들어온다.

보이는 것만으로 만족하지 않은 조르주 쇠라

 조르주 쇠라는 수많은 점을 찍어 하나의 그림을 완성하는 점묘화의 선구자다. 인상주의 화가들이 빛이 비칠 때 시시각각 달리 보이는 사물과 색을 주목해 그림을 그렸다면, 신인상주의를 이끈 조르주 쇠라는 보다 적극적으로 빛을 분해해 또 다른 관점으로 그림을 그린 인물이다. 그의 그림은 가까이 가면 각기 다른 색의 점들로

분해되고 멀어지면 우리 눈의 망막에서 혼합돼 하나의 사물로 그리고 새로운 색으로 보이는 마술 같은 작품이다. 그는 자신이 원하는 형상과 색을 표현해 내기 위해 같은 그림을 마치 과학자가 실험을 반복하듯 여러 번 칠하고 그린 것으로 유명하다. 같은 그림의 연습 작품들도 남아 있는데, 그래서 그런 연습 작품의 제목에는 연구(Study)라는 이름을 붙여 놓았다. 조르주 쇠라는 "어떤 사람들은 내 그림에서 시를 본다고 하지만 나는 과학만 본다"라는 말도 남겼다.

그림이라기보다 연구 작품

그의 작품 중 가장 대중에게 친숙한 그림이 〈그랑드 자트 섬의 일요일 오후(Un dimanche après-midi à l'Île de la Grande Jatte)〉이다. 파리를 남북으로 가로지르는 센 강에 위치한 그랑드 자트 섬의 한적한 일요일 오후 풍경이 담겼다. 선이 아닌 수많은 점으로 사물을 표현해 낸 만큼 경계가 뚜렷하지 않고 모든 게 두루뭉술한 그림이다. 그래서 이 그림은 부드럽고 편안한 느낌을 준다. 여러 색이 융합돼 한 가지 색으로 표현되니 강렬하고 쨍한 색이 없고, 선도 없으니 각지고 뾰족함도 볼 수 없다. 작가의 완벽주의와 작업 시간이 오래 걸리는 점묘화의 특성이 결합돼 2년(1884년~1886년)이 넘는 오랜 기

조르주 쇠라, 〈그랑드 자트 섬의 일요일 오후〉

간에 걸쳐 완성된 그림이다. 크기도 가로 3미터에 세로 2미터나 된다. 그러니 그림 오른쪽에 그려진 인물들은 실제 사람의 키와 유사할 정도다. 기계의 도움을 받아 더욱 미세한 점을 찍을 수 있었다면 그림의 크기는 아마 훨씬 줄어들지 않았을까 싶다.

조르주 쇠라는 점을 찍고 그 위에 보색을 고려해 또 다른 색의 점을 찍는 방식을 무한 반복하며 그림을 그렸는데, 이는 매우 과학적인 방식이다. 이 그림은 공개되자 큰 논란을 일으켰다. 보수적 평단을 중심으로 점묘 기법을 기계적이고 차가운, 인간적 감정이 결여된 표현이라는 혹평이 터져 나왔다. 하지만 그의 이런 새로운 시도는 빛과 색에 대한 작가들의 고민을 더 깊게 만들었고 신인상주의를 탄생시켰다.

요즘의 미술 시장은 복사하듯 똑같이 그려 낸 작품에는 높은 점수를 주지 않는다. 과학 기술의 발달로 사진과 영상 등이 그 역할을 충분히 잘하고 있기 때문이다. 도리어 쇠라의 그림 같은 실험적 작품에 더 후한 평가를 한다. 작품 그 자체도 평가 요소지만 실험적인 시도 그리고 그 시도를 하기 위해 들인 노력과 시간 마저도 그림의 평가 대상이 된 것이다. 그런 관점에서 조르주 쇠라는 신인상주의는 물론 현대 미술의 문을 연 인물이라고 봐도 될 것 같다.

점묘화는 결국 광학 이론의 기초

 빛과 색을 분해하고 결합할 수 있다는 건 혁명적인 발견이다. 인류는 이를 통해 이미지를 스크린에 옮겨 컬러를 입혔고, 종이에 찍는 인쇄물에도 다양한 색을 칠했다. 빛은 RGB(Red 빨강, Green 초록, Blue 파랑), 색은 CMYK(Cyan 파랑, Magenta 빨강, Yellow 노랑, Black 검정)로 분해하고 혼합된다. 이들을 활용하면 이제는 세상의 모든 색을 스크린과 종이에 표현해 낼 수 있다. 사람이 일일이 점을 찍어 표현하던 걸 이젠 기계가 더 세밀하고 정교하게 하고 있다는 차이가 존재할 뿐이다. 해상도라는 개념도 결국 같은 크기의 사각형에 얼마나 많은 점을 찍었느냐이다. 화질의 선명도를 결정하는 해상도는 1인치 당 들어있는 픽셀(Pixel)의 수를 말하고, 1개의 픽셀에는 RGB 삼원색을 표현하는 아주 작은 전구가 있다고 보면 된다. 이 작은 전구에 RGB 중 어떤 색이 들어오느냐, 그리고 이걸 어떻게 혼합하느냐에 따라 화면에 색과 사물이 표현된다.

점은 과거와 현재 그리고 미래를 잇는 과정

경제에서 점을 찍는 행위는 현재의 위치를 파악하는 과정이다. 매 순간의 위치를 x, y축에 표시하고 과거와 현재를 비교한다. 이런 비교 데이터를 쌓아 가며 이를 바탕으로 흐름을 읽고 미래를 예측하는 데 활용한다. 경제 전망은 대부분 이런 과정을 통해 만들어진 데이터와 이걸 분석하는 능력을 통해 만들어지는데, 축적된 데이터가 많을수록 예측율은 높아진다. 그래서 끊임없이 발표되는 경제지표들에는 현재를 알고 싶은 인간의 욕구를 넘어 미래를 예측하고 싶은 열망이 담겨있다.

반대로 데이터(통계)를 기반으로 하지 않는 미래 예측은 무엇일까? 그건 종교나 역술의 영역에서 행해지는 예언 정도가 아닐까 싶다. 증권 시장에서도 투자자들 사이에 '기도 매매'라는 말이 있다. 회사에 대한 자료나 이를 바탕으로 한 분석에는 관심이 없고, 이래서 오른다더라, 곧 좋은 일이 있다더라 등의 말에 혹해 주식을 사들인 뒤 오르기만 기도하듯 바라고 있는 행태를 꼬집는 용어이다.

FOMC의 점도표

FOMC(연방공개시장위원회)는 미국의 중앙은행 역할을 하는 연방준비제도(Fed) 내 통화 정책을 담당하는 위원회이다. 우리나라로 치면 한국은행의 금융통화위원회에 해당한다. 1년에 총 8번 열리는데, 12명의 위원들이 1박 2일간 난상 토론을 벌인다.

재미있는 건 3월, 6월, 9월, 12월 회의 때는 이른바 점도표라는 게 공개된다는 점이다. 회의에 참가하는 연준 이사 7명과 연방준비은행 인사 5명 이렇게 12명의 위원들이 자신들이 생각하는 향후 기준 금리 수준을 점을 찍어 표시하는 일종의 설문 조사이다. 금융 시장에선 이 설문 조사(점도표)를 꽤 눈여겨본다. 이를 바탕으로 향후 기준 금리의 방향성과 변동폭을 가늠하고 투자 전략에 활용하기 때문이다. 벤 버냉키 전 연준 의장이 시장과의 소통을 목적으로 2012년에 도입했는데, 글로벌 금융 시장 참여자라면 꼭 챙겨 봐야 할 Fed 5가지 요소 중 하나가 됐다.

Fed 5요소는 FOMC 회의가 끝나면 나오는 발표문과 의장의 기자 회견 그리고 FOMC 회의 3주 뒤 공개되는 FOMC 의사록 여기에 분기마다 내놓는 경제전망요약보고서(SEP:Summary of Economic Projection) 그리고 점도표를 말한다.

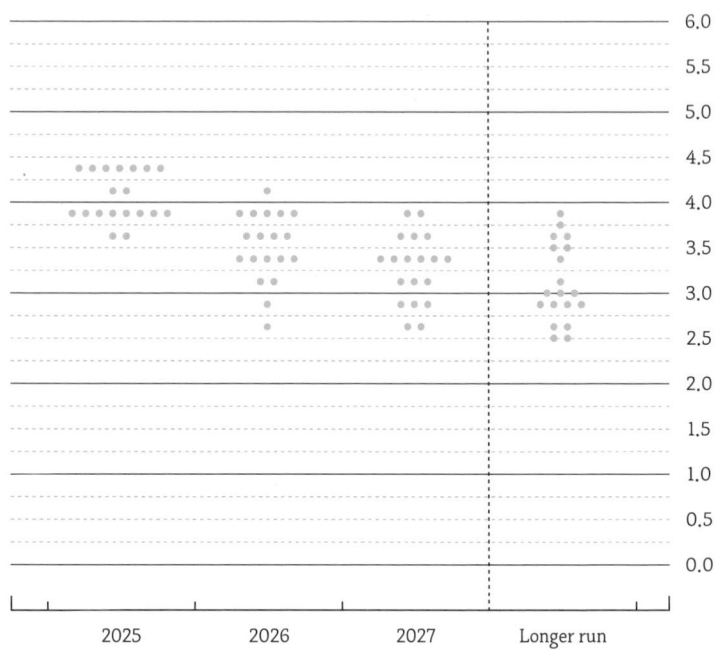

FOMC 점도표(2025년 9월)

같은 듯 다른 Fed와 FRB

미국 경제뉴스나 금융관련 기사를 보면 FRB, Fed가 종종 등장한다. 사실상 미국의 중앙은행을 뜻하는 용어로 혼용되는데 엄밀히

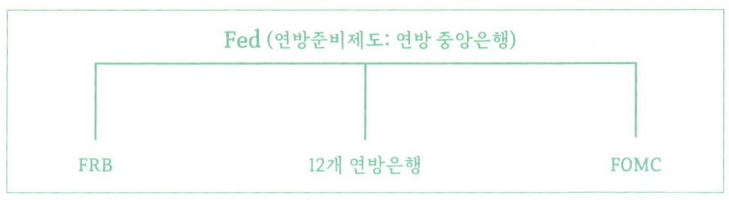

따지면 조금은 다른 개념이다. FRB는 Federal Reserve Board of Governors의 약어로 연방준비제도 이사회를 말한다. Fed는 Federrral Reserve System으로 우리말로는 연방준비제도이다. Fed는 미국의 중앙은행 시스템 전체를 의미하는 용어로, Fed안에 연방준비제도 이사회인 FRB와 12개 지역 연방준비은행 그리고 기준 금리를 결정하는 FOMC(연방공개시장위원회)가 있다. FRB(연방준비제도이사회)는 Fed의 최고 의사결정기구이다. 7명의 이사로 구성돼 있는데, 이들은 12개 연방은행에 대한 관리를 하며 FOMC 구성원으로서 통화정책 결정에 핵심적 역할을 수행한다. 현재 FRB의장이 바로 제롬 파월이다. 또 하나 Fed는 FED라고 쓰지 않고 첫 글자만 대문자로 쓴다는 점도 알아 두면 좋다. Federrral Reserve System의 약어라면 FRS라고 쓰는 게 맞지만 그렇게 쓰는 경우는 없고 관례에 따른 축약형으로 Fed를 쓴다.

JP모건과 뱅크런, 그리고 연준의 탄생

1907년, 미국 금융 시장은 크게 흔들리고 '뱅크런(Bank Run)'이라고 부르는 대규모 예금 인출 사태가 벌어졌다. 은행들이 연달아 파산하는 상황에서 월가의 거물 JP모건은 은행들에 자금을 대며 직접 위기를 잠재웠다. 당시 미국에는 중앙은행이 없었기 때문에, 금융 위기를 자금력있는 민간 금융 기관이 해결한 셈이다. 이 사건 이후, "사기업 자본력에 국가 경제가 좌우돼선 안 된다"는 목소리가 커졌고, 미국도 유럽식 중앙은행이 필요하다는 주장이 힘을 얻는다. 결국 여러 은행들의 파산과 이후 이어진 논란 끝에, 1913년 미 의회는 연방준비제도(Federal Reserve System) 설립을 골자로 한 연방준비법(Federal Reserve Act)을 통과시켰다.

연방준비제도의 특이한 구조: 공공과 민간의 혼합

Fed는 미국의 중앙은행 시스템이다. 하지만 이 구조가 한국은행 같은 순수 '국가 소유' 중앙은행과는 다르다. 중앙관리는 연방준비이사회(FRB, Board of Governors)가 하는데, 이는 대통령이 임명하고, 의회가 감독하는 명백한 공공기관이다. 하지만 미국 전역 12곳의 연방준비은행(Federal Reserve Banks)은 해당 지역 '민간 상업은행'들이 지분을 보유한 민간은행의 성격을 지닌다. 다만 일부 지분만 소유할 뿐 이 주식을 사고 팔지 못하고, 경영권이나 소유권 행사도 제한되는 구조를 가지고 있다. 중앙집권적 통제가 가능하면서도 민간 이익의 균형을 추구하는 구조이다. 물론 이런 구조는 정치적 독립성을 확보하기 위함이기도 하다.

흔들리는 연준의 독립성

미국은 연방준비제도의 독립성을 보장하기 위한 법적 제도적 장치를 가지고 있다. 그중 대표적인 게 연준 이사들의 임기이다. 이들의 임기는 무려 14년이며, 임기가 한꺼번에 종료되는 걸 막기 위해 2년마다 한 명씩 교체되도록 시차를 두고 임명한다. 심지어 임기

중 사임 등으로 빈자리가 생겨 새로 임명되더라도 남은 임기를 이어받도록 돼 있다. 그래서 대통령 4년 임기 동안 임명할 수 있는 연준 이사는 아주 특별한 일이 없다면 2명이다.

지난 8월 말 트럼프 대통령이 리사 쿡 연준이사에게 해임을 통보했다. 대통령에게 연준 이사의 해임권이 있긴 하지만 110년이 넘는 연준 역사에서 단 한 번도 쓰인 적이 없다. 연준의 독립성 보장을 위한 노력이었다. 해임 사유도 논란이 됐다. 주택 관련 대출 사기 혐의인데, 아직 법적 판단이 내려지지 않은 사안으로 해임을 통보했기 때문이다. 리사 쿡 이사는 이 같은 해임 시도가 연방을 위반한 것이라며 워싱턴DC 법원에 불복 소송을 제기했고, 법원은 리사 쿡 이사의 손을 들어 줬다. 하지만 트럼프 대통령의 연준 장악 시도가 이걸로 끝날 리 없다. 지난 8월 초에는 아드리아나 쿠글러 연준 이사가 돌연 사임했다. 본인은 조지타운대 교수로 복귀하기 위함이라고 말했지만 이걸 그대로 믿는 사람은 없다. 금리인하에 부정적인 매파로 분류됐던 인사였던 만큼 금리 인하를 공공연하게 압박하는 트럼프 대통령의 입김이 작용한 것으로 사람들은 해석한다.

트럼프 대통령의 연준에 대한 압박은 전방위적이다. 미국의 재정적자가 크고 국채이자만으로 연간 1조 1,580억 달러, 우리 돈으로 1,600조 원이 넘는 돈을 지출하고 있으니 어떻게든 이자 비용을 줄이려는 심산이다. 글로벌 금융 시장은 위협받는 연준의 독립성에

우려감을 표시한다. 당장 리사 쿡 이사가 해임통보를 받자 미국 국채금리가 크게 튀어 올랐다. 연준의 독립성이 훼손돼 미국 정부의 입김이 세지면 완화적 통화 정책으로 시중에 돈이 풀리고 인플레이션이 다시 자극받을 수 있다는 우려를 시장에 반영하기도 했다.

에드가 드가와 리딩방

에드가 드가 〈증권거래소의 초상들〉

높은 천장 아래에 모인 신사들의 웅성거림이 끊이지 않는다. 에르네스트 메이도 그중 한명이다.

메이 뒤로 다가온 신사가 어깨에 손을 올리고 조용히 속삭인다.

"런던에서 편지가 도착했소. 금값이 오를 기미가 있다는 군. 항구의 운송도 멈췄고."

이때 주식 중개인이 달려와 종이를 건네며 다급한 어조로 말한다.

"메이 씨, 최신 시세입니다. 밀과 철도주가 오르고 있어요. 누군가 사들이는 거 같습니다."

메이의 친구이자 은행가인 동료가 뭔가를 아는 듯 고개를 끄덕인다.

"로스차일드 쪽 포트폴리오에 변화가 있다더군. 우리 은행에 큰 돈을 넣어둔 무역상이 어제 은행에서 한 말이네."

에르네스트 메이가 주식 중개인에게 말한다.

"그럼, 오늘은 내가 먼저 움직여야겠네. 철도주를 사들이게."

고개를 돌려 주변을 살핀다. 기둥 뒤 은밀한 대화를 나누던 사람들도 급히 움직이기 시작한다.

온갖 소문과 정보가 뒤섞이고 사람들이 바삐 움직인다. 탐욕과 희망이, 기대와 두려움이 교차하는 1878년 파리 증권거래소의 모습이다.

왠지 은밀해 보이는 그림

〈증권거래소의 초상들(Portraits à la Bourse)〉은 1800년대 중후반 프랑스에서 활동한 화가 에드가 드가의 작품이다. 그림 중앙에 탑햇과 안경을 쓴 인물이 에르네스트 메이로 은행가이자 이 그림의 의뢰자이다. 또 그는 에드워드 드가 그림의 수집가이기도 했다. 드가는 주로 여성을 그렸다. 특히 발레리나를 소재로 한 작품들이 많고, 대중에게도 이런 작품들로 잘 알려져 있다. 그래서 이 그림이 에드가 드가의 작품이라는 걸 아는 사람은 많지 않을 것 같다. 더구

에드가 드가, 〈증권거래소의 초상들〉

나 그림만 보고는 이게 증권거래소를 그린 작품이라고 생각하기도 쉽지 않다. 하지만 작품의 제목을 확인하고 그림을 보면, 그림 속 인물들의 표정이나 행동 등이 왠지 주식 투자하는 사람들 같아 보이기도 한다. 뭔가 좀 은밀해 보인다고 할까? 물론 모든 주식 투자가 은밀하거나 비밀스럽게 이뤄진다는 얘기는 아니다. 다만 예나 지금이나 주식 투자에 대한 대중의 인식에는 분명 부정적인 면이 섞여 있다. 아마도 투자로 큰 돈을 번 사람들에 대한 대중의 질투와 주식 투자로 큰 손해를 본 사람들의 패가망신 스토리가 주는 두려움이 혼재돼 있기 때문일 것이다.

자본 시장의 단맛과 쓴맛을 모두 경험한 에드가 드가

에드가 드가의 아버지는 은행가였다. 그의 집안은 미국과 이탈리아에 은행을 소유할 정도로 부유했다고 전해진다. 하지만 아버지가 사망한 후 드가 집안의 가세는 크게 기울었고, 동생마저 파산하자 재정적 어려움이 더 커졌다. 에드가 드가가 이 작품을 출품한 건 그의 아버지가 사망한 후 5년이 지난 1874년. 재정적 어려움을 경험한 드가의 눈에 증권거래소와 자본가들의 모습이 밝고 희망차게만 보이지 않았을 것이다. 큰 돈이 오가는 증권거래소는 꿈과 희망도 있지만 절망과 고통이 혼재된 장소이다. 순간순간 수익과 손실이 결정 나고, 내가 얻은 수익은 사실 누군가의 손실이 되는 현장이기 때문이다. 실제 그의 이런 배경이 그림에 영향을 미쳤는지는 모르겠지만 양면이 존재하는 증권거래소를 드가는 상당히 어둡고 무겁게 그림에 담아냈다.

뭉개진 얼굴의 바탕엔 혐오가

에드가 드가 그림의 특징 중 하나는 얼굴의 윤곽이 선명치 않다는 것이다. 무용수의 화려한 동작과 옷들은 역동적이고 세밀하게

에드가 드가, 〈무대 위 발레 리허설(The Rehearsal Onstage)〉

표현하면서도 얼굴은 뭉개지고 흐릿하게 그렸다. 〈증권거래소의 초상들〉이란 그림에도 그런 특징이 잘 드러난다. 특히 왼쪽 기둥 뒤편의 사람들은 언뜻 보면 좀비처럼 보일 정도이다. 기둥 뒤에서 밀담을 나누는 듯한데 얼굴마저 선명치 않으니, 이들을 바라보는 사람들 마음에 의심과 불안감이 싹튼다.

여성 무용수를 자주 그린 에드가 드가의 다른 작품 속 뭉개진 얼굴은 에드가 드가의 여성에 대한 혐오가 드러난 것이란 해석도 있다. 이런 해석의 배경에는 그의 어머니의 외도가 자리 잡고 있는데, 드가의 어머니는 아버지의 동생, 그러니까 드가의 삼촌과 바람을 피웠다. 아버지도 그도 이 사실을 알고 있었지만 가정이 파괴되는 게 싫어 모른척했다고 전해진다. 드가가 멋진 무대 위 화려한 동작을 펼치는 무용수의 동작은 아름답게 표현하면서도 그들의 얼굴은 그리다 만 것처럼 뭉개 버린 건 어머니로 대표되는 여성에 대한 복잡한 감정을 드러낸 것이란 풀이다.

그런 관점에서 바라보면 에드가 드가의 증권거래소의 초상에는 돈과 돈을 좇는 인간의 탐욕에 대한 드가의 혐오감이 뭉개진 얼굴에 반영됐을 수도 있겠다.

정보는 돈이 되는가?

예나 지금이나 주식 시장에선 '비밀스러운 정보'에 대한 신화(?)가 존재한다. 제대로 된 정보를 얻기만 하면 대박으로 이어질 것이라는 믿음이다. 주식 시장이 처음 형성되기 시작한 1600년대의 네덜란드나 드가가 증권거래소의 초상을 그린 1800년대 파리의 증권가에선 정보는 진짜 돈이었을 가능성이 크다. 대규모 투자를 받고 출발한 선단이 오랜 항해를 거쳐 돌아오기까지, 성공 여부를 가늠할 정보를 안다는 건 투자의 성공과 실패를 가를 핵심적 요소였기 때문이다. 하지만 500년이 지난 지금은 그때와 상황이 많이 다르다. 대부분의 정보가 대중에게 기본적으로 공개된다. 상장사들은 공시라는 제도를 통해 투자자들에게 회사의 주요 내용을 알리게 돼 있다. 아니 알릴 의무가 주어져 있다. 물론 공시 의무가 없는 사안도 있고 상황에 따라서는 알려지지 않은 정보도 존재할 수 있다. 그렇다 하더라도 언론의 취재나 투자자들의 회사 탐방 등을 통해 많은 정보가 공유된다.

정보가 알려지는 속도도 이제는 너무 빨라서 조금 먼저 알았다는 것이 대박으로 연결되는 사례도 많이 줄어들었다. 인터넷, SNS 등에서 상상을 초월할 정도의 많은 정보가 초고속으로 교류되니, 이제는 내가 아는 순간 그 정보는 대한민국 주식 투자자 대부분 알

고 있다고 생각하는 게 편할 정도다. 혹시 진짜 극히 소수만 알 수 있는 정보를 얻었다면, 그 정보는 내부자 정보일 가능성이 높고 이 정보를 활용해 투자하면 불법이 되니 도리어 조심해야 할 일이다.

어떤 정보가 돈이 되는가?

주식 투자에 있어 정보의 가치를 높이는 요소는 크게 두 가지이다. 둘 중 하나만 만족하면 되는 게 아니라 두 가지를 동시에 만족해야 높은 투자 수익이 나온다. 첫 번째 요소는 정보의 정확성이고 두번째는 희소성이다. 정확성은 정보의 질을 의미한다. 예를 들어 '○○전자가 곧 큰 계약을 맺는다'라는 정보를 들었다면, 많은 사람들은 '계약'이라는 사실에 혹할 것이다. 하지만 정보의 질은 '계약을 맺는다'는 사실의 진위 여부보다 '곧'과 '큰'이라는 수식어가 결정할 가능성이 크다. '곧'이 정말 하루 이틀 사이를 말하는 건지 아니면 몇 주 혹은 몇 달을 의미하는지에 따라 이 정보의 가치는 달라지고, 두루뭉수리하게 큰이라고 표현된 계약 규모의 구체적 금액이 주가의 변동성을 가르는 가장 중요한 요소이기 때문이다.

그러면 '○○전자가 내일 1,000억 원 규모의 계약을 체결한다'라는 정보는 어떤가? 막연한 수식어 '곧'과 '큰'이 사라진 꽤 구체적이

고 명확한 정보이니 질적 측면에서 제법 괜찮은 정보로 볼 수 있다. 하지만 앞서 언급한 2가지 요소 중 이제는 '희소성'을 따져 봐야 한다. 이 정보를 다른 사람들도 대부분 알고 있다면 또 몇 달 전에 어디선가 이미 공개된 정보라면, 이 정보는 당신에게 수익을 주기보다 손실을 끼칠 가능성이 높다. 이른바 재료가 공개되고 주가가 오를 때 주식을 팔아버리는 셀 온(Sell On) 전략의 희생양이 될 수도 있기 때문이다.

성급한 일반화의 오류, 리딩방

방송과 통신의 발달로 희소성 있는 정보를 찾기는 더 힘들어졌다. 또 희소한 정보일수록 위험도는 더 커졌다. 내부자 정보일 가능성과 더불어 가짜 정보일 가능성이 높기 때문이다. 그냥 전해 들은 건데 이걸 가지고 무슨 불법 거래라고 하느냐 말하겠지만 법적으로 내부 정보를 처음 유출한 사람과 이를 전해 듣고 투자한 2차 여기에 한 번 더 건너 듣고 투자한 3차 이용자까지 처벌이 가능하다.

하지만 아이러니하게도 정보 매매 성공률과 매력은 이처럼 크게 줄어들었지만, 정보 매매를 미끼로 투자자를 유혹하는 사기는 급증하고 있다. 특히 이른바 리딩방들이 기승을 부리고 있는데, 투자의

금융감독원 투자사기 주의 보도자료

  고수인 자신을 따라 하면 큰돈을 벌 수 있다며 투자자들을 유혹한다. 대표적인 수법이 이른바 '내가 ○○○ 하라 했죠' 수법이다. 급등한 종목을 언급하며 "지난번에 제가 매수하라고 했죠"라고 말하거나, "이런 정보를 제가 말씀드렸죠"라고 하는 방식이다. 또 마치 투자로 큰돈을 번 것처럼 조작된 수익률을 인증하는 경우도 허다하다.

  하지만 앞서 언급한 정보가 돈이 되기 위한 조건 두 가지 중 희소성이라는 측면에서 생각해 보면, 정보로 돈을 벌고자 하면 알짜 정보일수록 절대 남에게 알려 줘서는 안 된다. 만날 손실을 보는 당신을 위해 도움을 주고 싶다고 문자와 메시지를 보내는 이런 친절한(?) 이들의 진짜 목적을 우리는 의심해 봐야한다. 또 투자 수익률을 자랑하며 과거에 내가 이랬으니 지금 찍어 주는 종목도 대박이 날 거라고 말하는 것도 한번 더 생각해 보기를 권한다. 첫 타석에 홈런

을 친 타자가 다음 타석에 또 홈런을 칠 확률이 얼마나 될까? 철저히 분석하고 투자해도 코로나19 같은 상황이 벌어져 돈을 날리는 게 주식 시장이다. 과거의 대박이 오늘과 미래의 큰 수익을 담보하지 않는다는 것을 기억하자.

네덜란드에서 시작된 주식 투자

1602년 네덜란드의 수도 암스테르담에 1,143명의 사람들이 모였다. 이들은 총 367만 4,945길더의 돈을 모았고, 이 돈은 세계 최초의 주식회사인 동인도회사의 자본금이 됐다.

네덜란드는 당시 주변국들에 비해 해상 무역에 뒤처져 있었는데, 해상 무역시장을 장악하고 있던 스페인과 포르투갈에 비해 인구도 적었을 뿐 아니라 결정적으로 자금력이 딸렸기 때문이었다. 고민하던 네덜란드는 크고 작은 민간 선단들을 끌어 모으는 모델을 떠올린다. 이 아이디어로 만들어진 회사가 바로 동인도회사이다. 혁신적인 것은 이렇게 작은 선단들을 모아서 하나의 회사를 만든 것에 더해 이렇게 만들어진 회사를 운영할 자금을 투자를 받아서 조달했다는 것이다. 바로 이 과정이 주식회사의 출발이다.

투자를 받았다는 건 선단의 항해 성과를 돈을 댄 사람들과 나눈

다는 의미이며, 반대로 실패의 책임도 함께한다는 얘기이다. 이렇게 '유한책임제'가 탄생했고, 동인도회사에서는 이런 선단에 투자한 걸 증명해 주는 증서를 발급해 줬다. 그런데 돈이 급한 사람들이 선단이 항해를 마치고 돌아오기도 전에 이 투자 증명서를 매매하기 시작했다. 몇 차례 성공적인 항해를 했던 선장이 참여한 선단의 투자증명서는 비싸게 거래됐고, 돌아오기로 한 날짜가 지났거나 소식마저 감감한 선단의 투자증명서는 헐 값에 팔거나 사가는 거래가 이뤄졌다. 이렇게 투자증명서의 거래가 활발해지자 1613년 네덜란드는 암스테르담에 이런 증서를 서로 사고파는 거래소를 설립했고, 이게 바로 오늘날의 증권거래소의 출발이다.

　투자 증서의 발행과 사고팔 수 있는 거래소, 다시 말해 유통 시장의 형성은 엄청난 시너지를 가져왔다. 단순히 상단에 투자해 성공 여부에 따라 투자금 대비 이익을 나눠 갖는 것에 더해 유통 시장에서 매매차익을 얻을 수 있으니 이런 수익을 쫓는 사람들이 생겨났고, 이렇게 돈을 벌려는 사람들이 몰려드니 주식 시장의 유동성은 급격히 커졌다. 이런 자금들은 상단의 규모를 키웠고 새롭게 도전하는 상단들을 더 많이 만들어 냈다. 결국 주식 시장은 네덜란드의 해상무역 장악력을 빠르게 키우는 데 일조한다. 네덜란드는 이를 바탕으로 스페인과 포르투갈을 밀어내고 한때 유럽 최대 부국 지위에 오른다. 이를 지켜본 영국이 네덜란드의 주식회사 시스템을

따라 했고 이는 곧 유럽 전역으로 확산됐다.

세계 최초 IPO에 참여한 2명의 하인

세계 최초의 기업 공개였던 동인도회사의 IPO에 참여한 1,143명 중에는 하인 2명이 있었다. 닐트헨 코르넬리스와 디그넘 얀스이다. 닐트헨 코르넬리스는 동인도회사의 창립 멤버 중 1명인 디르크 반 오스의 하인이었다. 디르크 반 오스는 당시 암스테르담의 해운 재벌로 동인도회사와 암스테르담 외환은행을 설립한 인물이다. 동인도회사 설립에도 가장 많은(4만 7,000길더) 투자를 한 사람으로 알려져 있다. 그의 하인이었던 닐트헨 코르넬리스는 동인도회사를 창립하기 위해 많은 사람이 디르크 반 오스의 집을 드나드는 걸 보고, 자신이 모아 둔 100길더를 동인도회사 IPO에 투자한다. 고민이 깊었는지 그녀는 당시 암스테르담 지점의 마지막에서 두번째 투자자에 이름을 올렸다고 한다.

디그넘 얀스는 동인도회사의 장부기록원, 지금으로 치면 회계담당자였던 바런트 람퍼의 하인이었다. 디그넘 얀스의 투자는 본인이 직접한 게 아니라 주인이었던 바런트 람퍼가 대신해 준 것이다. 바런트 람퍼는 50길더를 하인인 디그넘 얀스의 명의로 투자해줬다.

동인도회사 IPO에 참여한 이 두 하인이 투자로 큰 돈을 벌었는지에 대한 기록은 남아있지 않다. 다만 동인도회사가 꾸준히 높은 배당(12~40%)을 했다는 기록은 남아있다. 또 동인도회사가 17세기 승승장구했으니, 이들이 투자 증서를 팔지 않고 오래 가지고 있었다면 상당한 시세 차익도 올렸을 것이란 추정은 가능하다. 하지만 정말 우리가 주목해야 하는 것은 이들이 얼마를 벌었냐가 아니라 하인들도 이런 투자에 참여할 수 있었던 네덜란드의 당시 사회 분위기이다. 실제 당시 동인도회사의 정관 10조에는 '이 지역의 모든 주민은 회사의 주식을 매수할 수 있다'라고 명시돼 있다. 17~18세기 상업과 금융의 발달로 만들어진 네덜란드 황금기의 바탕에는 이런 사회 분위기가 있었다.

어쩌면 세상에서 가장 쉬운 게 주식 투자

돈과 시간이 나의 편이라면 이론상 주식 투자만큼 쉬운 것도 없다. 어떤 회사의 주식에 투자하고 내가 투자한 가격보다 주가가 높아질 때까지 마냥 기다리기만 하면 되기 때문이다. 물론 그 회사가 망해서 사라지지 않는다면 말이다. 그래서 주식 투자에 나설 때 여윳돈을 활용하라거나 망하지 않을 기업에 투자하라고 조언하는 것

이다. 투자의 현인이라 불리는 워런 버핏이나 벤자민 그레이엄 같은 사람들은 좋은 기업을 찾아내는 데도 뛰어났지만 좋은 기업에 투자한 이후 시장에서 제대로 된 평가를 받을 때까지 인내하고 기다리는 능력이 더 뛰어난 사람들이다. 당신은 초등학교나 중학생 축구 선수 중 미래에 손흥민이 될 선수를 한 번에 골라낼 수 있는가? 10배의 수익을 내 주는 종목을 의미하는 '텐베거(Tenbagger)'를 고르는 건 이처럼 미래의 손흥민 선수를 재능만 보고 초등학교 때 찾아내는 것과 비슷하다. 유망주를 믿고 골랐다면 그가 성장해 프리미어리그에 갈 때까지 기다려야 한다. 그 기간 동안 슬럼프도 있고 부상의 가능성도 존재한다. 심지어 조금 유명해진 후 스캔들에 휘말려 선수 생활이 끝나는 경우도 허다하다. 이런 리스크를 감내하기 싫다면 이미 프로에 진출한 선수나 혹은 국내 리그에서 인정받아 해외 진출이 예상되는, 어느 정도 검증된 선수를 골라야 한다. 다만 그럴 경우 이들은 몸값이 좀 올라있어서, 주가로 치면 텐베거를 기대하기 쉽지 않다. 이럴 때 욕심을 버리고 안정적 수익에 베팅해야 한다.

3장

빛과 욕망,
산업의 무대 뒤에서

노란빛의 가로등 그리고 화가

반 고흐 〈밤의 카페 테라스〉

반 고흐, 〈밤의 카페 테라스〉

어둠이 내려앉기 시작한 아를의 좁은 골목을 걷던 고흐는 노란 불빛이 번지는 카페 앞에 걸음을 멈췄다. 사람들이 카페 가로등이 만들어 낸 빛에 의지해 낮보다 더 자유롭게 이야기를 나누고 있다. 고흐도 카페 구석에 자리를 잡는다.

"압생트."

그는 웨이터에게 압생트를 주문했다.

'환한 노란빛과 이 초록빛 술이라니······.'

압생트는 요정이자 악마의 술이다. 그래서 어떤 사람들은 녹색의 요정이라고 부르고 또 어떤 이들은 녹색의 악마라고도 부른다.

마음이 급해진다. 압생트의 독특한 향이 밤공기와 섞여 묘한 기분을 만들어 냈기 때문이다.

잔에 술을 따르고 구멍이 뚫린 압생트 스푼 위에 설탕을 올린다. 차가운 물을 설탕 위에 천천히 붓자 압생트로 물이 떨어지며 뿌옇게 변한다.

'그래, 이 맛이야.'

고흐는 설탕이 조금 더 녹기를 기다렸다 뿌옇게 변한 압생트를 입속에 털어 넣었다. 술 기운이 퍼지자 노란 가로등 빛이 더 황홀하다. 하늘에 떠 있는 별들도 짙푸른 가을밤에 더 선명하게 빛난다. 환상인가 현실인가? 뭔가 뒤섞인 것 같은 지금을 놓치고 싶지 않다. 고흐는 술잔을 내려 놓고 스케치북을 꺼냈다.

〈밤의 카페 테라스〉

〈밤의 카페 테라스(Terrasse des Cafés an der Place du Forum in Arles am Abend)〉는 반 고흐의 유명 작품 중 하나이다. 1888년 고흐가 프랑스에 머물 때 그린 작품으로, 여동생 윌에게 보낸 편지에 그는 "나는 밤에 이곳에서 그림 그리는 걸 정말 좋아해"라고 적었다. 카페 테라스를 밝히고 있는 노란색과 주황색 그리고 별이 있는 하늘의 짙은 파란색이 선명하게 대비돼 따뜻하면서도 강렬한 느낌을 주는 그림이다.

흥미로운 건 이 그림이 그려진 날짜를 9월 16일이나 17일로 특정할 수 있다는 사실이다. 고흐가 자신이 이 그림을 그린 날짜를 남기지 않았지만 그림 속 하늘의 별자리로 1888년 9월 중순으로 날짜를 추정해 낸 것이다. 실제 천문학자들이 이 그림의 하늘을 분석해 카페가 위치한 프랑스 남부 아를 지역의 9월 중순 밤하늘 모습이라는 결론을 내놨다. 고흐가 생각보다 정교하게 그날의 밤 풍경을 그렸다는 사실에 놀라고, 같은 그림을 보면서도 볼 수 있는 게 이렇게 다르다는 사실에도 놀란다. 아는 만큼 보이고 관심이 있어야 볼 수 있다는 말이 맞는 것 같다.

〈밤의 카페 테라스〉 일부 확대
붉은색: 전갈자리/노란색: 물병자리

19세기 유럽을 풍미했던 압생트

　지금 우리가 소주를 즐기듯 19세기 유럽 사람들은 압생트를 즐겼다. 당시 프랑스 전역에 판매된 압생트 종류가 1,000개가 넘었다고 하니 얼마나 대중적인 술이었는지 짐작할 수 있다. 압생트는 쑥을 주 원료한 증류주인데, 도수가 45~74도에 달하는 독주이다. 압생트라는 이름도 쓴 쑥이라는 라틴어 압신티움(Absinthium)에서 유래했다.
　19세기 유럽의 압생트 인기는 포도 병충해의 영향이다. 필록세라(Phylloxera)라는 작은 진딧물이 1850년대 후반부터 1890년대 후

반까지 유럽 전역을 휩쓸었는데, 포도밭이 큰 피해를 봤다. 포도 수확량이 크게 줄었고 와인 가격은 뛰었다. 와인이 비싸지자 서민들이 대안으로 찾은 술이 바로 압생트이다. 실제 프랑스 와인 생산량은 1875년 8,450만 헥토리터에서 1889년엔 2,340만 헥토리터로 급감했다. 이로 인한 프랑스의 경제적 손실이 10억 프랑에 달했다는 기록도 있다. 당시 1프랑이 금 약 0.3225그램에 해당(19세기는 금 본위제 시대이다)하니 10억 프랑이면 우리 돈으로 18조 원(금 1그램 기준 약 5만 6,000원 시세 적용)이 넘는 피해를 봤다는 얘기이다.

그럼 이런 포도밭의 피해는 어떻게 끝이 났을까? 유럽산 포도 품종에 미국산 품종을 접붙여서 해결했다. 필록세라에 취약했던 유럽산 포도와는 달리 미국산 포도 저항이 강하다는 점을 활용한 것이다.

녹색의 요정 vs 에메랄드의 지옥

쑥을 원료로 한 압생트는 녹색이다. 이 색깔 때문에 압생트는 녹색의 요정이라 불렸고 또 한편에서는 중독 문제 등으로 에메랄드의 지옥이라고도 칭했다. 그럼에도 수많은 예술가는 압생트에 의지했는데, 반 고흐도 그중 한 명이었다. 앙리 드 툴루즈 로트렉이라는 작가가 그린 〈반 고흐의 초상(Portrait of Vincent van Gogh)〉엔 테이블

에 놓인 압생트 잔이 그려져 있고, 반 고흐 자신이 직접 그린 작품 중에도 〈압생트와 카페 테이블(Café Table with Absinthe)〉이라는 그림이 있다.

잘나가던 압생트는 20세기 초반 음주법으로 금지된다. 압생트에 들어있는 투존이라는 성분이 뇌세포를 파괴해 환각을 일으키고 쉽게 중독에 빠지게 한다는 이유에서였다. 하지만 이후 여러 연구 등을 통해 위험성이 과장됐다는 사실이 알려지고, 압생트에 함유된 유해물질은 충분히 조절 가능하다는 주류업계의 주장이 받아들여져 1981년 다시 합법화됐다.

압생트 중독이 만들어 낸 〈별이 빛나는 밤〉

반 고흐의 대표작 〈별이 빛나는 밤(The Starry Night)〉이 압생트 중독의 산물이라는 주장도 있다. 밤하늘의 별들이 소용돌이치는 듯 묘사된 건 환각 때문이고 노란색이 많이 사용된 건 사물이 노랗게 보이는 황시증을 앓았기 때문이라는 주장이다. 다만 앞서도 언급했듯 압생트 중독과 유해성은 과장됐다고 밝혀졌다. 마치 우리나라에서 1980년대 우지 파동이 일어나 라면 업계의 강자 '삼양라면'이 추락했던 것처럼 당시 프랑스 와인업계가 압생트에게 빼앗긴 시장

앙리 드 툴루즈 로트렉, 〈반 고흐의 초상〉

반 고흐, 〈압생트와 카페 테이블〉

을 되찾기 위해 압생트의 유해성을 과장했다는 주장이 있다. 물론 고흐는 동생에게 보낸 편지에 자신이 알코올 중독에 가깝다고 인정하긴 했지만 그렇다고 고흐의 그림 스타일이 오로지 압생트 중독 때문이라고 주장하는 것도 과한 주장이라고 하겠다.

19세기 유럽을 밝힌 가스 가로등

한 밤의 카페테라스가 온통 노란색과 주황색으로 표현된 이유는 당시 유럽의 가로등이 가스를 에너지원으로 사용했기 때문이다. 특히 석탄 가스가 주 연료로 사용됐는데, 석탄 가스는 연소시 탄화수소 성분이 많아 불완전 연소된 탄소 입자들이 빛을 방출하며 노랗고 붉은 빛을 냈다. 석탄 가스를 쓰기 전 인류는 램프와 조명의 에너지원으로 무엇을 사용했을까? 동물성 기름이나 식물성 기름, 양초 등이었다. 대표적인 동물성 기름은 고래기름이었고 식물성 기름으로는 유채 기름 같은 것들이 주로 쓰였다.

가로등을 생각해 낸 화가, 얀 반 데르 헤이덴

가로등은 생각보다 화가와 매우 밀접한 관계가 있다. 가로등을 고안한 사람이 네덜란드의 얀 반 데르 헤이덴이기 때문이다. 암스테르담 출신인 그는 도시 풍경을 주로 그린 화가로, 암스테르담을 중심으로 네덜란드의 여러 모습을 그림에 담았다. 그는 화가이자 발명가였으며 사업가로서도 성공한 인물이다. 대표적인 발명품이 유채 기름에 목화 심지를 담가 등을 만들고, 그걸 높은 곳에 매다는 방식으로 고안한 가로등이다. 그는 자신의 가로등 시스템을 암스테르담시에 직접 제안했고 이 제안이 받아들여지면서 가로등 관리관으로 활동하며 암스테르담시의 저녁을 밝힌 인물이다.

밝아진 저녁의 대가는 세금

기록에 따르면 암스테르담시는 1669년 1,800개를 시작으로 1681년까지 2,400개의 가로등을 설치해 운영했다. 또 얀이 개발하고 제안했던 이 가로등 시스템은 1840년까지 무려 170년 동안이나 유지됐다.

1600년대 후반 암스테르담시는 네덜란드의 황금기를 이끈 도시

얀 반 데르 헤이덴

였는데, 가로등 시스템도 한몫을 했다. 칠흙같은 어둠을 몰아내자 암스테르담에서는 사고와 범죄가 줄었고, 사람들의 활동시간이 늘자 상인들의 소득이 증가했다. 하지만 대가도 치러야했는데, 암스테르담시는 가로등 설치와 유지 관리를 위해 세금을 올렸다. 정확히 얼마의 세금을 올렸다는 기록은 없지만 세금을 올려 가로등 설치 비용을 충당했다는 기록이 남아있다.

3장 빛과 욕망. 산업의 무대 뒤에서

〈암스테르담의 오래된 교회가 있는 풍경〉

얀 반 데르 헤이덴은 네덜란드의 대표적인 건축화가이다. 세밀한 묘사가 특징인 그의 그림엔 당시 암스테르담 사람들의 생활 모습과 건축 양식들이 그대로 담겨있다. 그의 대표작 중 하나인 〈암스테르담의 오래된 교회가 있는 풍경(View of Oudezijds Voorburgwal with the Oude Kerk in Amsterdam)〉이라는 작품엔 특히 흥미로운 요소가 많다.

'Oude Kerk'는 우리말로 오래된 교회라는 뜻이다. 뾰족 솟은 첨탑으로 연결된 건물 Oude kerk(오래된 교회, 아직도 암스테르담에 남아 있다)를 중심으로, 건물 폭은 좁지만 상층부가 계단형으로 좁아지는 전형적인 네덜란드 전통 건물들이 운하 주변에 잘 묘사된 그림이다.

운하 주택이란 뜻의 흐라흐텐판트(Grachtenpand)의 독특한 스타일은 17세기 암스테르담시의 특이한 세금 체계가 만들어 낸 것이다. 당시 암스테르담시는 건물 정면의 폭을 기준으로 세금을 부과했다. 건물주들은 세금을 조금이라도 덜 내려면 건물 정면은 최대한 좁게 만들어야 했다. 그래서 앞은 좁고 건물은 길고 높은 흐라흐텐판트의 독특한 양식이 만들어진 것이다. 네덜란드 암스테르담에 아직 남아 있는 폭이 가장 좁은 집은 정면이 겨우 1미터 정도이다.

얀 반 데르 헤이덴, 〈암스테르담의 오래된 교회가 있는 풍경〉

이 집은 뒤로 가면 폭이 점점 넓어져 5미터가 된다고 하니. 예나 지금이나 세금을 덜 내기 위한 자산가들의 노력은 정말 대단하다.

폭발해 버린 유전과 오일러시

제임스 해밀턴의 〈밤에 불타는 유정〉

숨을 헐떡거리며 달려온 일꾼이 소리친다.

"석유가 마구 쏟아져 나옵니다. 드디어 터졌어요. 유정이 터졌습니다. 빨리빨리 가 보셔야 할 것 같아요."

헨리 라우즈는 자신의 유정에서 대량의 석유가 터져 나온다는 소릴 듣자마자 무릎을 꿇었다.

'오! 주님 감사합니다.'

정신을 차리고 서둘러 유정으로 달려갔다. 정말 석유가 마구 솟구치고 있었다. 장관이다. 석유가 하늘로 치솟아 폭포수가 쏟아지듯 땅으로 흘러넘친다. 이런 광경도 처음 보지만 석유가 이렇게 치솟듯 뿜어져 나온다는 얘기도 들어본 적이 없다. 감격과 함께 당황

스러움이 밀려왔다. 워낙 거세게 석유가 뿜어져 나오니 손을 쓸 수가 없다. 뿜어져 나오는 석유를 막을 수도 없고 쏟아져 내리는 석유를 받아내는 것도 쉽지 않다.

'어쩌란 말인가? 오크통이라도 주변에 가져다 놔야 하나? 뿜어져 나오는 기세가 잦아들 때까지 조금 기다려 볼까?'

온갖 생각이 머리를 맴도는 사이 소식을 들은 마을 사람들이 모여들기 시작한다. 쏟아지는 석유에 주변은 온통 시커멓고 유정 주변은 석유와 함께 뿜어져 나온 가스에 휩싸였다. 고개를 돌려 주변을 둘러본다. 이때 누군가 주머니에서 뭔가를 꺼내 입에 문다.

'저건 시가잖아….'

말릴 틈도 없이 그 사람은 시가에 불을 붙인다. 순간 화르륵, 엄청난 열기와 불길이 달려든다.

'도망쳐야 해….'

몸을 돌려 뛰어 보지만 등이 너무 뜨겁다. 정신이 아득하다.

제임스 해밀턴, 〈밤에 불타는 유정〉

1861년 19명의 생명을 앗아간 불기둥

언뜻 보면 불꽃놀이의 한 장면 같지만 1861년 미국 펜실베이니아주에서 일어난 유정 폭발 사고를 제임스 해밀턴이란 작가가 그린 그림이다. 하늘 높이 솟아오른 불기둥과 유정 주변을 뒤덮은 화마 그리고 이 광경을 지켜보는 사람들이 그려져 있다. 칠흑 같은 어두움과 샛노랗고 붉은 화염이 극한 대조를 이뤄 매우 강렬한 느낌을 주는 그림이다. 미국 펜실베이니아주 러즈빌의 한 마을에서 일어난 이 사고는 유정의 소유주였던 헨리 R. 라우즈를 포함해 19명의 생명을 앗아갔다. 석유가 분출하는 장면을 보려고 모여든 사람들 중 수십 명도 중상을 입었다. 당시 언론은 불기둥이 90미터까지 치솟았고 3일 밤낮을 태우고 나서야 꺼졌다고 기록하고 있다.

재난 상황을 그린 그림이지만 제임스 해밀턴의 이 그림에는 석유를 둘러싼 인간의 욕망과 그 욕망이 만들어 낸 파멸이 녹아있다. 또 엄청난 크기의 불기둥에 비해 그 광경을 바라보는 사람들은 매우 작게 그려 넘으로써 재난에 아무것도 할 수 없는 인간의 무기력함까지 보여 주는 듯하다. 휘영청 떠 있는 달은 아름답지만 하늘 높이 치솟은 불길은 파괴된 자연의 무서움을 상징한다.

이스라엘-이란 분쟁에 요동친 유가

이스라엘과 이란 분쟁이 격화되면서 국제유가가 요동을 쳤다. 2025년 6월 초 배럴당 60달러 초반에 형성돼 있던 국제유가(WTI기준)는 이스라엘의 이란 공습을 시작으로 이란의 보복 공격 여기에 미국이 개입해 이란의 핵 시설 3곳을 폭격했다는 소식까지 더해지며 단기간에 70달러를 훌쩍 넘어 버렸다. 이란이 호르무즈 해협을 봉쇄할 경우 배럴당 130달러까지 오를 수 있다는 전망까지 나왔던 상황이었다. 다행히(?) 미국의 이란 공습 이후 이스라엘과 이란이 휴전을 할 것이라는 소식에 유가는 다시 60달러 대로 내려왔다.

중동 정세가 불안해지면 국제 유가가 제일 먼저 반응한다. 전 세계 원유 시장에서 중동산 원유가 차지하는 비중이 꽤 높기 때문이다. 세계 10대 산유국에 사우디아라비아, 이라크, 이란 등 중동의 주요 5개국이 포함돼 있으며 전 세계 산유량에서 중동이 차지하는 비중은 26% 가량이나 된다.

다만 최근 원유 시장에서 중동의 영향력이 점점 약화되고 있는 것도 사실이다. 전 세계가 기후 위기 등에 대처하기 위해 석유를 포함한 화석연료를 대체할 친환경 에너지 사용을 늘리는 분위기인 데다 미국, 캐나다, 브라질 등 이른바 비 OPEC 국가들의 원유 생산량이 크게 증가했기 때문이다. 특히 2010년 이후 불어닥친 셰일 혁명

은 미국을 세계 최대 산유국 지위에 올려 놓았다. 2023년 한때 미국은 하루 1,320만 배럴의 원유를 생산하며 사우디아라비아의 생산량을 넘어서기도 했다.

석유가 쏟아져 나와도 문제

1860년대 오일 러시가 있었던 미국의 펜실베이니아로 다시 가보자. 제임스 해밀턴이 그림으로 남긴 유정의 큰 폭발 사고는 불씨를 잘 못 관리한 탓도 있지만 부족했던 유전 시추 경험과 기술 때문이다. 지하의 석유가 천연가스 압력에 의해 땅 위로 분출하는 유정을 분유정(Oil Gusher)이라고 하는데, 염정 시추 기술을 응용해 석유를 캐내던 초기, 압력 제어 기술 등이 부족해 종종 이런 대형 사고가 일어났다. 하지만 아이러니하게도 이런 분유정의 발견과 큰 폭발은 석유의 대량 공급 가능성을 세상에 알리는 역할을 한다. 폭발과 함께 3일 밤낮을 태운 펜실베이니아 러즈빌의 유정에선 당시로선 엄청난 양인 하루 3,000배럴의 원유가 생산됐다고 한다.

사람들은 이런 사고를 보면서 폭발의 위험보다 쏟아지는 석유의 사업성에 더 관심을 보였다. 이른바 오일러시가 시작된 것이다. 사람들이 모여들고 여기저기 유정이 발견되고 시추 기술도 발전하자

석유 생산량은 크게 증가한다. 1860년 45만 배럴에 그쳤던 펜실베이니아의 원유 생산량은 불과 3년 뒤인 1862년 300만 배럴로 치솟았다. 이렇게 석유가 많이 생산됐으니 오일 러시에 참여한 사람들은 부자가 됐을까? 안타깝지만 그렇지 않다. 에너지 원으로 석유가 시장에 자리잡지 못한 상황에서 빠르게 공급이 늘자 석유 가격은 폭락해 버린다. 1861년 초 배럴 당 10달러 선에서 거래되던 석유 가격은 6월엔 배럴 당 50센트에 거래되더니 그해 말에는 10센트로 폭락해 버렸다. 대박의 꿈을 꾸며 원유 시장에 뛰어들었던 많은 생산자들이 줄줄이 파산했다. 하지만 반전은 그 다음이다. 석유 가격이 폭락하자 사람들이 석유를 쓰기 시작한 것이다. 가격 경쟁력이 높아진 석유는 램프용 연료 시장에서 석탄유 등 다른 연료를 빠르게 대체하며 시장을 장악해 버린다. 수요는 곧 공급을 따라잡았고, 1년 뒤 인 1862년 석유 가격은 배럴당 4달러로 그리고 다음해에는 7달러를 넘긴다. 이때부터 석유 개발로 큰돈을 거머쥔 벼락부자들이 등장하기 시작했다.

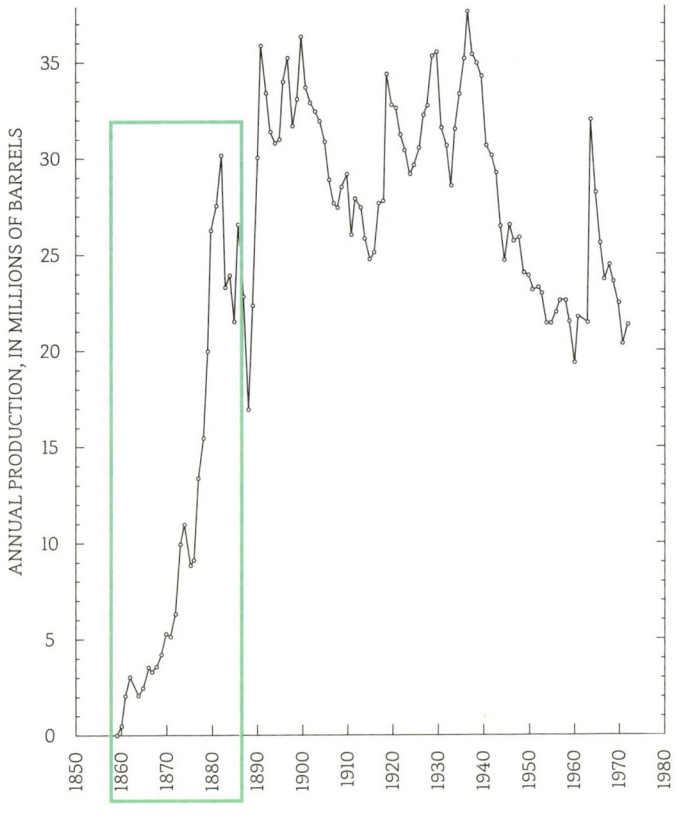

오일러시 당시의 시추량

세계 3대 유종, 벤치마크

원유 시장에서 중동의 영향력은 줄고 있지만, 우리나라와 일본을 비롯한 아시아 국가들에게는 중동산 원유는 절대적이다. 지리적으로 중동산 원유를 들여오는 게 운송비 등 비용면에서 유리하기 때문이다. 국제 원유는 산지를 기준으로 3가지로 분류된다. 북미 내륙에서 생산되는 서부텍사스산 중질유(WTI), 영국 북해 지역에서 나오는 브렌트유 그리고 중동에서 시추된 두바이유이다. 다 같은 석유인데, 왜 산지를 중심으로 구분할까? 말 장난 같지만 같은 석유가 다 같지 않기 때문인데, 석유는 땅 속에 묻힌 유기물이 여러 물질들과 아주 오랜 기간 열과 압력을 받아 만들어진 것이다. 그래서 생산된 지역의 특성에 따라 만들어진 석유 즉 원유의 성분도 제각각이다. 실제 WTI와 브렌트유는 상대적으로 밀도가 낮아 두바이유 보다 가볍다. WTI와 브렌트유를 경질유(輕質油, Light Crude Oil),

유종	산지	특징	황 함유량	주로 쓰이는 지역
WTI	미국(텍사스)	밝고 가벼움, 정제가 쉽고 고품질	0.24%(매우 낮음)	미국, 북아메리카
브렌트	영국(북해)	밝고 가벼움, 세계 표준, 정제 용이	0.40%(낮음)	유럽, 아프리카, 세계 표준
두바이	아랍 에미리트	어둡고 무거움, 정제가 어렵고 황 다량 함유	2.0%(높음)	중동, 아시아(한국 포함)

두바이유를 중질유(重質油, Heavy Crude Oil)라고 부르는 이유가 바로 이 때문이다. 황 함유량도 차이가 있는데, WTI가 가장 적고 브렌트유, 두바이유 순으로 많다. 원유에 함유된 황은 연소과정에서 산소와 결합해 이산화황과 삼산화황 등 대기오염 물질을 만들어 낸다. 그러니 3가지 원유의 가격은 밀도가 낮아 정제가 상대적으로 유리하고 황 제거 비용도 적게 드는 WTI가 가장 좋고 브렌트유, 두바이유 순으로 매겨진다.

세계 최고의 정제 기술을 보유한 한국

한국의 원유 정제 기술은 세계 최고 수준이다. 지리적 특성상 고품질의 경질유보다 상대적으로 품질이 떨어지는 중질유를 수입해 쓰다 보니 자연스럽게(?) 정제 기술 개발에 열을 올린 것이다. 우리나라의 원유 정제 능력은 하루 약 339만 배럴로 글로벌 5위권이다. 하지만 단일 정제 공장 규모로 살피면, SK에너지 울산 공장이 하루 90만 배럴로 세계 3위, GS칼텍스 여수 공장이 84만 배럴로 4위, S-OIL 오산 공장이 67만 배럴로 5위로 글로벌 Top5 중 3곳이 우리나라에 있다. 정제 효율면에서도 우리나라 정제 공장들은 유럽과 미국 정유사 공장들에 비해 20%가량 좋다. 정제 효율이 높다는 건

동일한 양의 원유를 가져와 경쟁사들에 비해 더 많은 휘발유나 경유 같은 고부가가치 석유 제품을 만들어 낼 수 있다는 의미이다.

금을 대체한 원유, 페트로 달러

원유 거래는 대부분 달러로 이뤄진다. 전 세계 무역이 달러를 기반으로 일어나니 당연하다 생각할 수도 있지만, 석유가 전 세계 에너지원으로 자리잡기 시작한 1960년~1970년대 상황은 좀 달랐다. 1974년 미국과 사우디아라비아가 이른바 페트로 달러에 합의하기 전까지 국제 원유거래는 미국의 달러, 영국의 파운드, 프랑스 프랑 등 복수의 기축 통화를 혼용해 사용하는 구조였다.

주요국들은 2차 세계 대전이 끝날 무렵 이른바 브레튼우즈 체제를 출범시켰다. 전쟁의 피해가 컸던 유럽 국가들은 여력이 없으니, 미국을 중심으로 글로벌 금융 시장 시스템을 만든 것이다. 이 체제의 핵심은 미국의 달러는 금과 일정 비율로 교환 가능한 금 본위제에 두고, 다른 통화들을 달러와 일정 비율로 교환할 수 있게 한 것이다. 하지만 영국과 프랑스 등 유럽 국가들의 식민 잔재가 남아 있던 지역들에서는 미국의 달러뿐 아니라 파운드, 프랑 등이 같이 사용됐다. 그러던 중 1971년 미국이 금 본위제 포기를 선언한다. 이른

바 닉슨 쇼크이다. 달러 수요는 폭증하는데, 달러를 발행하려면 금 보유량을 늘려야 하고, 달러를 보유한 나라들이 많아지면서 금 교환 수요도 늘어 미국의 금 보유량은 지속해서 줄어들었다. 구조적으로 이 체제를 유지하는 것 자체가 불가능했던 것이다. 금 본위제 포기는 사실상 달러의 생명선을 끊은 것과 마찬가지였다. 달러의 기축 통화 지위가 급격히 흔들렸고 미국은 달러 지위를 유지할 수단이 필요했다. 그 자리를 메운 게 바로 원유이다.

페트로 달러는 전 세계 석유거래를 미국의 달러 기반으로 하는 시스템을 말한다. 1974년 미국과 사우디아리비아는 석유 거래를 달러로만 하기로 합의한다. 미국은 금 본위제를 포기한 이른바 닉슨 쇼크 이후 흔들리는 달러의 위상을 잡아야 했고, 사우디아라비아는 중동의 맹주 지위를 유지하는 데 미국의 군사력이 필요했다. 이로서 달러는 금으로 교환되진 않지만 석유를 사려면 꼭 필요한 화폐가 됐고 이런 페트로 달러 시스템은 미국의 글로벌 금융 시장 패권을 유지, 아니 강화하게 해 줬다.

트럼프는 왜 스테이블 코인에 적극적일까?

달러의 기축 통화 지위는 늘어만 가는 미국의 재정적자로 또 흔들리고 있다. 페르로 달러 체제도 사실상 2024년 6월 9일 미국과 사우디아라비아 양국이 갱신하지 않기로 하면서 50년만에 막을 내렸다. 이와중에 중국은 2022년 페트로 위안화를 선언했다. 사우디아리비아와 러시아와의 원유 거래에 위안화를 사용중이다.

묘수가 될지 모르겠지만 미국은 달러의 기축 통화 지위를 유지하기 위해 가상 자산 시장을 보고 있다. 달러와 연동된 스테이블 코인 시장을 키우는 것이다. 가상 자산의 수도가 되겠다는 트럼프 대통령의 발언이 허언이 아니라는 얘기이다. 얼마 전 미국 의회는 달러와 교환 가능한 스테이블 코인을 발행하려면 실물 달러를 보유하거나 달러에 상응하는 미국의 단기국채를 보유해야 한다는 내용의 지니어스법(GENIUS Act)을 통과시켰다. 이는 사실상 또 다른 달러 수요를 창출하게 되고 스테이블 코인 시장이 커질수록 달러의 지위를 더 공고하게 할 가능성을 높인다. 스테이블 코인의 무서움은 일반 상품이나 화폐와 달리 가상 자산의 특성상 국경을 넘는 게 너무 자유롭다는 거다. 스테이블 코인 시장의 패권이 미국으로 넘어가고 우리 국민들의 다수가 미국 달러 기반의 스테이블 코인 사용을 늘리면 원화의 위상은 물론 우리나라 화폐 주권 자체도 흔들

릴 수 있다. 최근 국내에서 스테이블 코인 도입을 서두르는 이유가 여기에 있다.

제임스 해밀턴은 미국의 '터너'

멀리 돌아왔지만 다시 〈밤에 불타는 유정(Burning Oil Well at Night, near Rouseville, Pennsylvania)〉을 그린 제임스 해밀턴 얘기를 해 보자. 제임스 해밀턴은 영국의 유명 화가 윌리엄 터너에게 큰 영향을 받은 것으로 알려진다. 윌리엄 터너의 드라마틱한 색채 사용과 재난과 재해 등 극적인 장면을 그림의 소재로 활용한 점도 유사하다. 윌리엄 터너가 그린 화재 그림 중 유명한 작품인 〈영국 의사당의 화재(The Burning of the Houses of Lords and Commons)〉는 1834년 런던 템즈강변에 위치한 영국 의사당의 대화재를 그린 작품이다. 화풍이 비슷한 두 화가의 대형 화재를 소재로 한 작품을 비교해서 보는 것도 꽤 흥미로운 일이다.

윌리엄 터너, 〈영국 의사당의 화재〉

빛을 향한 인류의 잔혹함, 향유고래 이야기

조지프 말로드 윌리엄 터너 〈포경선〉

향유고래에서 기름을 추출하는 작업은 정말 야만적이었다.

(…) 고래의 몸에서 가죽을 비롯한 갖가지 값나가는 부위를 떼어 내는 일이 끝나자, 드디어 머리의 밑동을 자르는 일이 시작됐다.

(…) 고래의 정수리 위로 밧줄을 타고 내려가 분수공 주위의 부드러운 기름층에 구멍을 하나 뚫었다. 그는 로프의 길이에 맞춰 그 구멍 아래로 양동이를 넣었다. 그리고 잠시 이곳저곳 살피다가 릴에 감기 시작했다. 그러자 얼마 지나지 않아 양동이가 밖으로 불쑥 튀어나왔다. 하얀 액체가 거품을 일으키며 철철 넘쳐흘렀다.

(…)동료들은 그 귀중한 액체를 통 속에 쏟아부었다. 이 작업은 일렬로 놓인 통들이 모두 꽉 찰 때까지 백 번 가까이 반복됐다. 이

액체가 바로 모든 고래기름 중에 가장 순도가 높다는 경뇌유였다.
경뇌유는 성당에서 쓰는 양초나 고급 연료를 생산하는데 주로 사용되는데, 향유고래의 머리에는 보통 수백 배럴의 경뇌유가 들어있다.

-소설《모비딕(푸른숲)》중에서

고래를 그린 화가들

뉴욕의 메트로폴리탄 미술관에는 영국의 화가 조지프 말로드 윌리엄 터너의 말년 작품, 〈포경선(Whalers)〉이 있다.

범선은 눈에 들어오지만 캔버스 중앙의 고래를 알아보기는 쉽지 않다. 어둡고 묵직한 형태의 무언가가 있는 건 알겠지만, 바위나 거친 파도를 표현했다고 생각하기 십상이다. 그는 바다를 주제로 많은 작품을 그렸다. 말년으로 갈수록 그의 작품에는 추상적 표현이 강화됐는데, 그의 나이 75세에 그린 〈포경선〉도 그런 경향이 뚜렷하다. 범선과 고래 그리고 하늘과 바다가 명확한 구분 없이 뒤엉켜 있으니 말이다. 포경선이란 제목을 알았으니 그림을 다시 한번 보자. 고래의 묵직함과 거친 파도 그리고 이들과 싸우는지 아니면 승리했는지 모를 범선이 눈에 들어온다.

윌리엄 터너, 〈포경선〉

네덜란드의 화가 제이콥 마탐은 터너보다 200년 전쯤인 1598년 해변에 밀려온 거대한 고래 그림(판화)을 남겼다. 금속판을 긁어 세밀하게 그려 넣은 이 그림에는 뭍에 올라온 고래와 그 주변의 많은 사람들이 생동감 있게 표현돼 있다. 말을 타고 있는 사람들은 귀족이거나 관리인으로 보이는데, 마주한 사람들과 손짓하며 지시를 하는 것인지 아니면 거래를 하는 것인지 그림만으로는 알 길이 없다. 또 고래 위에 올라가 도끼질을 하는 사람과 통을 들고 분주히 움직이는 사람들 여기에 구경꾼까지 다양하다.

고래는 '에너지 자원'이었다

화석 에너지 특히 석유가 본격적으로 인류의 에너지원이 되기 전까지 인간은 고래의 몸속에 저장된 기름에 상당 기간 의존했다. 1850년대 중반부터 인류는 석유 탐사를 시작했고, 그 후 10여 년 뒤쯤 첫 시추에 성공했으니 말이다. 석유 시추에 성공한 이후에도 고래기름의 사용은 꽤 오랜 기간 지속됐다. 고래기름은 태울 때 냄새와 그을음이 다른 연료들에 비해 덜해 집안의 조명이나 조리용 등으로 인기가 높았다. 또 산업 혁명 이후엔 윤활유로도 많이 사용됐는데, 고래기름(특히 향유고래기름)은 높은 온도에도 점성을 잃지

제이콥 마탐, 〈Beached Whale〉

않는 특성이 있었기 때문이었다. 격렬히 움직이는 기계의 마찰열에도 고래기름은 큰 문제없이 제 역할을 해냈다. 열에도 강하고 점도도 높아 잘 흘러내리지도 않으니 기계의 상단부에 주로 향유 고래 기름을 사용했고, 오래 보관할 수 있다는 것도 큰 장점으로 받아들여졌다.

고래야 말로 버릴 게 없다

고래의 속살은 식재료였다. 수염은 우산살이나 여성 속옷인 코르셋의 지지대로 활용됐다. 수염은 특히 탄력이 좋아 스프링처럼 쓰였다. 고래의 지방은 비누나 로션의 원료로 활용됐다. 심지어 배설물은 향수의 첨가물로 비싸게 거래됐다. 이 배설물이 바로 용연향(龍涎香, Ambergris)이다. 용연향은 요즘도 매우 비싸다. 하지만 무엇보다 가장 활용도가 높고 인기가 있었던 건 고래기름이었다. 사람들은 고래기름을 얻기 위해 고래 사냥을 떠났고, 고래 사냥은 하나의 산업이었다. 석유를 시추하고 정제하는 기술이 발달하지 않았다면 아마도 지구상에서 고래는 씨가 말랐을지도 모른다.

빛을 얻기 위한 인간의 잔혹한 사냥

고래기름의 활용이 많아 가격이 비쌀 때는 고래를 잡은 후 고기는 바다에 버리고 기름만 채취했다고 한다. 냉장이나 냉동 기술이 없었으니 고기를 싣고 오랜 항해가 불가능했을 것이다. 고래잡이가 정점을 찍은 1960년대 연간 8만 마리의 고래가 전 세계적으로 잡혔다. 고래기름이 주요 에너지원이었던 19~20세기 중반 미국 내에서

만 연간 1,800만 갤런, 6만 8,000톤이 넘는 양의 고래기름이 소비됐다. 중형 고래 한 마리에서는 평균 30~50배럴의 고래기름이, 특수 오일이 나오는 수컷 향유고래에선 한 마리에 100배럴이 넘는 고래기름이 채취됐다고 한다. 어쨌든 고래를 생명체가 아닌 기름을 채취를 위한 상품으로만 바라본 인간의 잔인함을 보여 주는 숫자들임에는 틀림없다.

바다의 로또 '용연향'

가끔 언론을 통해 용연향을 발견한 사람이 로또를 맞았다는 내용이 실린다. 기사들에 언급된 내용을 토대로 보면 용연향 가격은 1킬로그램 당 4,000~5,000만 원 정도로 추정된다. 하지만 고품질의 대형 덩어리는 1킬로그램에 5억 원에 거래됐다는 기록도 있다.

용연향은 향유고래의 장 내에서 자연적으로 생성되는 단단한 부산물이다. 한자 그대로 풀면 '용의 침에서 나는 향기'라는 뜻인데, 왜 이런 이름이 붙었을까 생각해 보면 아마도 바다나 해안에서 발견한 알 수 없는 신기한 물건이니 영험한 존재인 용과 연관지어 이름을 붙인 게 아닐까 싶다. 서양에서는 용연향을 Ambergris라고 부르는데, 어원을 보면 아랍어 Anbar(호박)과 프랑스어 Gris(회색)의

결합이다. 딱딱한 것은 보석인 호박 같고, 색은 회색을 띠고 있으니 이렇게 이름을 붙인 걸로 보인다.

소설 《모비딕》 속 용연향

그가 로프를 손에 잡고 고래를 가까이 끌어당기기 시작했다. 내가 항의했다.
"냄새가 너무 지독합니다." 그는 나를 바라보면 으르렁거렸다.
"참을 수 없거든 입으로 숨을 쉬어, 저 칼을 이리 줘."
마른 고래는 이제 스티브의 손이 가죽에 닿을 만큼 가까이 있었다. 그가 칼로 고래의 꼬리 바로 뒷부분을 절개한 뒤, 어깨가 다 들어갈 정도로 손을 깊숙이 집어넣었다. 나는 두려움 속에서 그 모습을 지켜보았다. 그가 등 뒤에 있는 우리에게 큰 소리로 말했다.
"바로 이 주위에 있는 게 틀림없어." 그는 오 분 동안이나 고래 뱃속을 뒤적거렸다. 악취는 점점 더 심해졌다. 마침내 그가 욕을 퍼붓기 시작했다.
나는 그가 곧 포기하리라고 생각했다. 그런데 어느 순간 향긋한 냄새가 공기 중의 악취와 섞이고 있는 듯한 느낌이 들었다. 그가 의기양양하게 외쳤다.

"그러면 그렇지! 난 우리가 해낼 거라고 믿었어."

그가 밖으로 손을 꺼냈다. 오므린 양손에는 비누가 뭉개진 것 같은, 밀랍처럼 끈끈한 물질이 한가득 담겨 있었다. 스티브가 경멸하듯 말했다.

"모두들 잘 봐, 이게 용연향이라는 거야, 향수 만드는 사람에게 팔면 1그램당 꽤 많은 금액을 받을 수 있지, 내게 자루 하나만 줘."

스티브는 고래 몸 안에서 이 값진 용연향을 여섯 번이나 더 퍼냈다.

-소설《모비딕(푸른 숲)》중에서

고급 향수를 더 고급스럽게

용연향이 이렇게 비싸게 팔리는 이유는 구하기 힘든 데다 값비싼 향수의 재료로 쓰이기 때문이다. 용연향 자체로도 향이 있지만 용연향을 활용하면 향수의 품질과 지속성을 배가시킬 수 있다. 피부에서 빨리 사라지지 않게 하는 고정제 역할은 물론 다른 향과 섞이면 향수의 깊이와 풍성함을 살려준다. 유명 향수 샤넬 No.5, 크리드 그린 아이리쉬 트위드 등에 용연향이 사용된다. 실제 용연향의 함유량은 100㎖ 향수 한 병에 한두 방울 수준으로, 전체 용량의 0.1% 내외의 극소량이다.

용연향은 수컷 향유고래가 만들어 내는데, 심해에서 주식으로 먹는 대왕고래의 딱딱한 이빨 등이 소화되지 않고 소화액 등과 뭉쳐 있다 입이나 배설물로 배출된 것이다. 대부분은 이렇게 배출된 것들이 오랜 기간 바다를 떠돌며 딱딱하고 회색빛으로 변해 발견된다. 막 배설돼 나온 것보다 오랜 시간 일정의 숙성 과정을 거칠수록 값어치는 올라간다. 고래잡이가 금지되며 예전보다 구하는 게 더 힘들어진 것도 용연향 가격을 더 오르게 하는 요소이다. 심지어 미국과 호주 등에서는 고래 사냥은 물론 용연향의 거래 자체도 금지하고 있다. 다만 용연향이 사용된 향수는 얼마든지 사용한다. 바닷가를 걷다 회색의 딱딱한 무언가를 만나게 되면 혹시나 용연향이 아닌지 잘 살펴보기 바란다.

다이아몬드의 추락과
막시밀리안 1세

〈막시밀리안 1세와 마리 공주의 결혼〉

    1947년, 뉴욕 매디슨 애비뉴의 한 광고대행사. 회의실에 사람들이 모여 있다. 담배 연기가 가득하고 책상엔 커피 잔과 여러 장의 광고 시안이 보인다.
    "강렬한 상징이 필요해. 드비어스가 원하는 건 단순히 반짝이는 보석을 알리는 게 아니야."
    팀장으로 보이는 한 남성이 광고주가 원하는 걸 직원들에게 다시 주입시키려는 듯 제법 강한 어조로 말한다. 이때 누군가 말을 잇는다.
    "사람들이 보석을 비싸게 사는 본질을 봐야 하지 않을까요? 반짝이고 예뻐서 보석을 '살까요? 아니거든요. 뭐랄까요…… 신분 상

승 같은 느낌? 뭐 그런 거 있잖아요. 중세 유럽 왕족들이 루비, 에메랄드 같은 거 하고 다니면서 너네들은 이런 거 없지? 우린 달라. 뭐 이런 느낌으로 보석을, 마치 신분의 상징처럼 여겼으니까요."

테이블 끝의 한 직원이 머뭇거리며 입을 연다

"다이아몬드에 그런 스토리가 필요하다면…… 며칠 전 신문에서 신성로마제국 황제가 된 막시밀리안 1세 얘기를 봤거든요. 부르고뉴 지역을 얻으려고 마리 공주랑 결혼할 때 다이아몬드 반지를 들고 갔다고……."

회의실 사람들이 순간 서로 눈을 마주친다.

"황제와 다이아몬드, 그리고 결혼? 이거 괜찮은데!"

"그들의 사랑이, 영원히 함께 하자는 약속이 다이아몬드 반지라는 거잖아."

'A Diamond is Forever.'

"카피 괜찮지 않아? 이걸로 한번 가 보자고."

"다이아몬드는 이제 단순한 보석이 아니라고! 사랑의 표상이고 이 사랑을 영원히 함께하자는 약속의 상징으로 우리가 만들어 봅시다."

〈막시밀리안 1세와 마리 공주의 결혼〉

안톤 페터, 〈막시밀리안 1세와 마리 공주의 결혼〉

안톤 페터는 오스트리아 역사화의 전통을 계승한 화가이다. 그는 주로 왕실과 귀족의 의뢰를 받아 역사적 사건과 인물들을 사실적이고 극적인 표현방식으로 그림에 담았다. 〈막시밀리안 1세와 마리 공주의 결혼(Maximilian I and Maria von Burgund)〉 역시 왕실 역사의 결정적 장면을 옮겨 놓은 작품이다. 왕가의 결혼은 늘 있는 일임에도 합스부르크 왕가가 이 장면을 그림으로 담아 역사에 남기려 했던 이유는, 이 결혼이 유럽 변방에 머물던 합스부르크가를 유럽 중앙으로 끌어올린 결정적 사건이기 때문이다. 재계 100위 밖의 기업이 M&A

한 건으로 재계 서열 5위권 안으로 들어온 사건이라고 할까.

실제 막시밀리안 1세는 부르고뉴의 상속녀 마리 공주와의 혼인으로 지금의 프랑스 동부 지역인 브루고뉴를 비롯해 샹파뉴 등 프랑스 북동부지역과 벨기에, 네덜란드 여기에 룩셈부르크 지역까지 얻게 됐다. 이런 큰 이득이 있는 결혼인 만큼 막시밀리안은 마리 공주의 환심을 사기 위해 청혼 선물로 다이아몬드 반지를 보냈다. 하지만 결혼식이 치러지기도 전에 마리 공주의 아버지 용담공 샤를이 사망했고, 프랑스 왕 루이 11세는 남자 후계자가 아니라는 이유로 마리 공주의 부르고뉴 지배를 인정하지 않았다. 후계자가 남자가 아니라는 이유는 핑계에 불과하고 사실은 부르고뉴 지방의 대규모 영토가 프랑스 지배력에서 멀어지는 게 싫었던 것이다. 프랑스는 전쟁을 일으켰고 막시밀리안 1세는 약혼자인 마리 공주를 지키겠다며 서둘러 그녀와 결혼했다.

이 그림 중앙의 스포트라이트를 받고 있는 두 인물이 바로 막시밀리안 1세와 부르고뉴의 마리 공주이다. 안톤 페터는 두 인물을 중앙에 배치하고 서로를 응시하는 시선과 표정 그리고 마주 잡은 손(손에는 다이아몬드 반지가 그려져 있다)을 통해 많은 것을 표현했다. 고전주의 역사화가 그렇듯 인물과 배경이 명확히 구분되게 빛과 색채를 사용한 것도 눈여겨볼 대목이다. 상대에게 매료된 것인지 아니면 의심을 품고 있는 것인지 모를 두 사람의 눈빛과 시선에

는 두려움과 희망이 모두 섞여 있는 듯하다.

A Diamond is Forever

막시밀리안 1세의 다이아몬드 반지는 드비어스의 1947년 광고 캠페인의 모티브가 된다. 지금도 사용되는 이 광고 카피는 광고 업계에선 성공한 캠페인의 대표적 사례이다. 드비어스는 전 세계 천연 다이아몬드 시장을 한때 쥐락펴락한 독점 사업자이다. 최근 정치권에서 이슈가 된 반 클리프 아펠과 글로벌 다이아몬드 시장을 놓고 경쟁하는 회사 중 하나이기도 하다. 드비어스는 남아프리카공화국의 엄청난 다이아몬드 광맥을 소유하며, 판매 업자 카르텔까지 조직해 공급량과 가격 조절을 통해 한때 다이아몬드 시장을 독점하다시피한 회사이다. 사실 이들의 이런 전략은 아이러니 하게도 이들이 발견한 남아프리카 공화국의 거대 다이아몬드 광맥에 기인한다. 수요가 한정된 시장에서는 공급이 부족해야 높은 가격이 유지될 텐데, 거대 광맥이 발견되면서 다이아몬드 공급이 크게 늘어나며 인위적 공급량 조절에 나선 것이다. 이들이 소유한 남아공의 다이아몬드

광산에는 매년 백만 캐럿에 달하는 중급 다이아몬드가 쏟아져 나왔다. 당시 전 세계 천연 다이아몬드 생산량의 5배가 넘는 양이었다. 판매자 카르텔을 통해 공급량을 조절하며 가격 방어에 온 힘을 쏟음과 동시에 드비어스는 새로운 소비처를 만들어야 한다는 생각을 하게 된다.

1·2차 세계 대전과 미국의 부상

전쟁이 끝나고 사람들은 사치품을 외면했다. 다이아몬드를 비롯한 주요 보석 시장은 이 시기 심각한 침체기에 들어간다. 어려움에 빠진 드비어스는 미국 시장을 주목한다. 미국은 세계 대전의 피해를 거의 입지 않았고 도리어 재건에 열을 올리는 유럽 주요 국가들을 대상으로 큰돈을 벌고 있었다. 급성장하는 미국 경제는 두터운 중산층을 만들어 내기 시작했고, 드비어스에게 이들은 과잉 생산된 중급 다이아몬드를 처리할 최적의 마켓이었다. 문제는 이들의 다이아몬드 구매를 어떻게 자극할 수 있느냐였는데, 그걸 해결한 게 바로 '다이아몬드는 영원하다'라는 광고 마케팅이다. 역사는 막시밀리안 1세와 마리의 결혼이 만들어 낸 왕실 동맹에 큰 의미를 두지만 드비어스는 마리의 손에 끼워진 다이아몬드 반지가 더 소중했

던 셈이다. 이젠 청혼의 순간을 떠올리면 반지가 빠질 수 없고, 열이면 아홉은 그 반지가 다이아몬드여야 한다고 생각한다. 미국의 결혼 문화는 그들의 영향력이 닿는 여러 국가로 퍼져 나갔고 다이아몬드 반지도 같이 팔려 나갔다. 미국은 현재 전 세계 다이아몬드 최대 소비 시장이며, 전 세계 다이아몬드 소비의 50%를 차지한다.

드비어스는 어떻게 시작되었는가

앞서 언급한 대로 드비어스는 100년 넘게 전 세계 다이아몬드 시장을 사실상 독점한 회사이다. 영국인 세실 존 로즈가 1853년 창업했다. 세실 존 로즈는 목사의 아들이었지만 전형적인 영국의 제국주의자이자 식민주의자였던 인물이다. 18세에 남아프리카공화국으로 넘어가 형과 함께 목화사업을 했지만 실패하고 돈벌이를 찾아 헤매다 다이아몬드 광산 사업에 뛰어들었다. 초기에는 광산의 광부들에게 물 펌프를 임대하는 사업으로 시작해 소규모 광산 지분을 사들이며 사업을 확장했고, 1888년엔 드비어스 연합광산회사(De Beers Consolidated Mines)를 설립해 사실상 남아프리카공화국의 모든 다이아몬드 광산을 소유하게 된다. 드비어스는 이후 전 세계 다이아몬드 생산의 90%를 장악하며 공급량 조절 등을 통해 글로벌

다이아몬드 시장의 가장 강력한 사업자로 군림했다.

다이아몬드 시장의 반칙왕

드비어스는 중앙판매조직(Central Selling Organization, CSO)이라는 일종의 도매상 카르텔을 운영했다. 드비어스는 이 판매조직을 통해서만 자신들의 광산에서 생산되는 다이아몬드를 공급했다. 이 판매 조직에는 약 150개의 사이트홀더(Sightholder, 도매상)를 뒀는데, 이 사이트홀더가 되어야만 드비어스의 다이아몬드를 구매할 수 있었다. 사이트홀더들에게는 엄격한 규칙이 적용됐다. 구매 할당량을 거부하면 영원히 사이트홀더 자격을 상실하고 구매한 다이아몬드는 자신들이 지정한 절단과 연마 시설 외에서 가공과 판매를 금지했다. 더불어 드비어스가 정한 가격을 준수해야 했다.

드비어스의 이런 불공정 행위는 왜 처벌받지 않았나?

드비어스는 다이아몬드가 크기, 색상, 순도 등이 각기 달라 표준화된 가격 책정이 어렵다는 특성을 이유로 독점이 아니라 품질 관

리라고 주장하며 독과점 이슈를 회피했다. 또 독과점 규제가 강한 나라에는 본사나 지사를 두지 않는 전략으로 법적 책임을 피했다. 실제 드비어스는 남아프리카공화국과 영국(글로벌)에 본사를 두고, 스위스와 룩셈부르크 등 중립국을 통해 국제 거래를 관리한다. 2001년까지 미국에 공식지사를 두지 않은 것도 미국의 이른바 '셔먼 반독점법'을 피하기 위해서였다. 심지어 드비어스 임원들은 체포될 위험에 대비해 미국 입국도 꺼렸다고 한다.

창업자 세실 로즈에 대한 엇갈린 평가

드비어스의 창업자 세실 로즈를 따라다니는 또 다른 평가는 아프리카 식민지화에 앞장선 제국주의자이자 인종차별론자이다. 실제 그는 1890년에서 1896년까지 남아프리카공화국의 케이프 식민지 총독을 지내기도 했는데, 현지인 학살과 고문, 약탈 등을 자행했다. 아프리카 짐바브웨이와 잠비아 일대를 과거에 로지디아라고 불렀는데, 세실 로즈가 자신이 설립한 영국남아프리카회사(British South Africa Company, BSAC)를 통해 이 지역을 강제 점령하고, 백인 이주 정책과 광산 개발을 추진하면서 붙인 명칭이었다. 심지어 인접 트랜스발(Transvaal) 공화국 정부를 전복시킬 의도로 쿠데타도

시도했다 실패해 국제적 비난에 직면했고 그래서 케이프 총독 자리에서 물러나기도 했다.

무너지는 드비어스 신화

다이아몬드 시장에서 드비어스의 존재감은 점차 약해지고 있다. 2000년대 들어 러시아와 호주, 캐나다에서 세계적인 수준의 다이아몬드 광산이 발견됐고, 세계 최대 규모의 다이아몬드 광산 중 하나인 호주 아거일등이 드비어스의 CSO에서 탈퇴했기 때문이다. 더구나 랩 그로운(Lab Grown, 인공) 다이아몬드 시장의 급성장도 천연 다이아몬드 시장을 위축시키며 드비어스의 추락을 가속화했다.

트럼프 관세에 다이아몬드 시장도 흔들

얼마 전 흥미로운 기사 하나가 신문에 실렸다. 트럼프 미국 대통령의 고율 관세 영향이 다이아몬드 시장에도 큰 타격을 주고 있다는 내용이었다. 금은 안전 자산으로 부각돼 가격이 천정부지로 오르고 있는데 보석인 다이아몬드는 반대로 가고 있는 현상을 전하

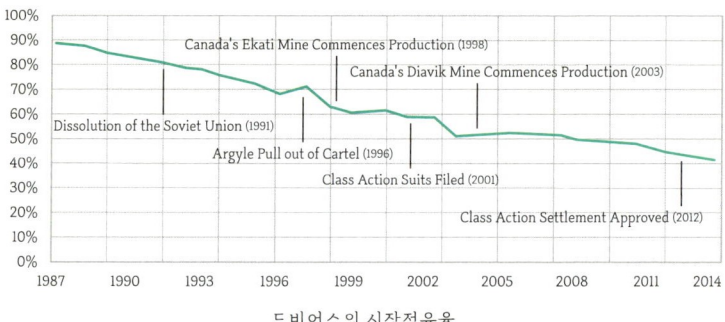

드비어스의 시장점유율

다이아몬드지수(출처: http://www.idexonline.com/diamond_prices_index)

는 기사이다. 실제 영국 파이낸셜타임즈는 주요 다이아몬드 유통 시장 중 하나인 벨기에 앤드워프에서 하루 다이아몬드 선적량이 미국의 상호 관세 발표 이후 1/7 수준으로 급감했다고 보도하기도 했다. 미국은 다이아몬드에 대해 사실상 무관세를 적용하고 있었다. 다이아몬드는 고가의 사치재지만 미국 내에 다이아몬드 가공 산업이 전무해 전량을 수입에 의존하고 있었기 때문이다. 다이아몬드는 원석을 캐낸 광산이 있는 곳이 아닌 이들 원석을 커팅 등 가공한 곳을 원산지로 본다. 가공 시장의 90%는 인도가 장악하고 있다. 그런데 트럼프 대통령이 인도에 26% 세율의 상호 관세를 발표했고 이후 협의가 잘 안되자 50%로 세율을 올렸다. 그럼 금은? 트럼프 행정부는 금과 구리 등 산업재로 쓰이는 광물들은 상호 관세에서 제외했다. 앞서 언급했지만 전 세계 다이아몬드의 50%가 미국에서 소비된다. 다이아몬드에 고율 관세가 부과되니 거래가 급감하고 가격이 하락이 나타나고 있는 것이다.

관세보다 더 무서운 랩 그로운 다이아몬드

다이아몬드 가격 추락이 꼭 관세 때문만은 아니다. 랩 그로운 다이아몬드의 공세도 한몫을 하고 있다. 랩 그로운 다이아몬드는 실

험실에서 기계 장치를 이용해 만드는 인공 다이아몬드를 말한다. 외관과 성분이 천연 다이아몬드와 거의 동일해 육안으로는 구별이 힘들 정도이다. 그럼에도 가격은 천연 다이아몬드의 1/10 이하 수준으로 저렴하다. 더구나 환경을 중요시하는 트렌드까지 더해지며 천연 다이아몬드 대비 매력도를 뽐낸다. 천연 다이아몬드를 캐내기 위해서는 3~4km 깊이로 땅을 파고, 흙 등 오물을 제거하기 위해 상당량의 물을 사용해야 하는데, 랩 그로운 다이아몬드는 땅도 파지 않고 물 사용량도 훨씬 적다. 더구나 여러 다이아몬드 광산 등에서 불거지는 아동 노동 착취 문제도 없다. 가성비와 착한 소비 트렌드까지 맞물리니 젊은 층의 수요가 크게 증가했다. 수요가 이쪽으로 이동하니 천연 다이아몬드의 가격이 하방 압력을 받고 있는 것이다. 실제 국제 다이아몬드거래소에서 산출하는 다이아몬드 지수는 1년 전(2024년 4월) 107을 웃돌다 지금은 90 초반으로 떨어져 10% 이상 하락했다. 다이아몬드 지수는 2001년 2월 가격을 기준점 100으로 삼아 산출하니, 이 지수가 지금 100 아래에 있다는 것은 20여 년 전보다 다이아몬드 가격이 떨어져 있다는 의미이다.

초커 목걸이와 단두대

구스타프 클림트의 〈아델레 블로흐 바우어 초상 I〉

마틸다: Is life always this hard, or is it just when you're a kid? (인생은 항상 이렇게 힘든 거예요, 아니면 어릴 때만 이래요?)
레옹: Always like this. (항상 이렇게 힘들어.)
-영화《레옹》중

강인하고 성숙한 여성이고자 했던 마틸다

초커하면 떠오르는 영화가 있다. 《레옹》이다. 단발머리의 마틸다는 한 손엔 화분을 들고 목엔 은색 펜던트가 달린 검은띠의 초커

를 하고 있었다. "인생은 항상 이렇게 힘든 거예요, 아니면 어릴 때만 이래요?" 가족을 잃고 레옹을 찾아간 마틸다가 던진 묵직한 질문. 레옹은 "(인생은) 항상 이렇게 힘들어." 라고 답한다.

영화 속 마틸다의 초커 목걸이는 그녀의 불안정함을 보여 주는 도구이다. 심리적으로 불안할 때 그녀는 목에 걸린 팬던트를 어루만지곤 한다. 한편으론 강인함과 성숙함을 보여 주는 도구이기도 하다. 영화를 보는 사람들은 마틸다의 목에 걸린 초커 목걸이로 어린 마틸다를 실제보다 조숙한 여성으로 바라본다. 영화 속 마틸다가 목걸이를 빼고 마돈나 의상 등을 입어 보는 장면이 나오는데, 사람들은 이 장면을 보면서 순수한 소녀로 돌아간 마틸다를 마주하게 된다.

초커는 목을 조인다는 뜻의 단어 초크(Choke)에서 유래된 '목에 알맞게 감기는 목 장식'을 말한다. 값비싼 보석으로 전체를 꾸민 것도, 펜던트만 단 것도 그리고 끈이나 리본만으로 목을 감싼 것도 모두 초커이다.

초커와 연관된 그림하면 단연 구스타프 클림트의 작품이 떠오른다. 클림트는 여성들의 초상을 많이 그렸는데, 그의 유명한 그림에 등장하는 여성들이 대부분 화려한 초커를 하고 있기 때문이다. 배경과 인물의 경계가 없는 게 특징인 클림트의 작품. 특히 강렬한 황금색과 기하학적 무늬가 반복되는 배경을 가졌음에도 그림 속 인

물에게 시선을 뗄 수 없는 것은 목을 휘감고 있는 화려하고 두꺼운 초커 덕일 수도 있다.

2,600억 원에 팔린 〈아델레 블로흐-바우어 초상 I〉

클림트의 가장 유명한 그림 중 하나가 〈아델레 블로흐 바우어 초상 I(Adele Bloch-Bauer I)〉이다. 이 그림은 지난 2006년 영국 소더비 경매에서 1억 3,500만 달러에 판매돼 화제가 됐다. 요즘 환율이 달러 당 1,400원을 넘었으니, 우리 돈으로 환산하면 2,600억 원이 넘는다. '그림 한 점에 2,600억 원이라니 금이라도 칠했나?'라는 생각을 한다면 맞다. 이 그림엔 실제 금박이 입혀져 있다. 클림트는 금박을 활용해 다양한 질감을 구사했다. 특히 여성의 맨살과 반짝이는 금박의 대조를 통해 더 극적인 효과를 노렸다. 이 작품에 얼마의 금이 사용됐는지 공식 기록은 없지만 손과 얼굴 등을 제외한 그림 90%에 금박이 사용됐다는 점을 감안하면 약 27그램 정도의 금이 입혀져 있을 것으로 추정한다. 다만 금 사용량이 그의 작품의 평가나 가격에 영향을 미치지는 않는다. 이 그림은 유대인 사업가 페르난디트 블로흐가 클림트에게 자신의 아내 초상화를 의뢰해 그려졌다. 클림트는 당시 꽤 인기 작가였고 작품 의뢰비도 상당히 비쌌다

구스타프 클림트, 〈아델레 블로흐 바우어 초상 I〉

고 알려져 있다. 초상화 의뢰비는 1만 크로네 정도였다고 하는데, 당시 교사의 1년 연봉의 8~9배나 되는 수준이다.

참수된 희생자를 기리는 패션 '초커'

블로흐 부인이 착용한 목 전체를 감싸는 초커는 다이아몬드와 에메랄드 등으로 치장돼 있다. 남편의 선물이었다. 이런 화려한 보석이 박힌 초커는 19세기 유럽 부유층 여성들의 상징 같은 액세서리였다. 언제부터 여성들이 초커를 하기 시작했는지 또 초커를 왜 하게 됐는지 등에 대해서는 여러 설이 존재한다. 그중 대표적인 게 알렉산드리아 공주 유래설과 프랑스 기원설이다. 알렉산드리아 공주 유래설은 영국 에드워드 7세와 결혼한 패션에 일가견 있는 덴마크의 알렉산드리아 공주가 어느 날 목에 난 상처를 가리기 위해 벨벳과 진주로 목 주위를 두르고 다닌 게 유행이 됐다는 설이다. 그럴싸 하다. 왕가의 패션을 귀족들이 따라하려 했을 가능성이 높으니 말이다.

프랑스 기원설은 조금 더 복잡하다. 18세기 프랑스에서 시작된 초커 유행이 19세기 영국 등으로 넘어가며 패션이 됐다는 주장인데, 프랑스 혁명 당시 참수된 희생자들을 기리기 위한 일종의 추

모 행위가 패션이 됐다는 설이다. 프랑스혁명과 그 후 이어진 공포정치 과정에서 살아남은 귀족들이 서로의 생존을 확인하고 희생된 가족을 기리는 '희생자 무도회(Bals des Victimes)'라는 걸 종종 열었는데, 이 행사의 드레스 코드 중 하나가 초커였다는 주장이다. 이 파티에 참석할 수 있는 사람들은 단두대 희생자의 가족이거나 친척이어야 했고, 참석자는 단두대를 콘셉트로 하는 복장을 갖춰 입었다. 당시 참석 여성들 중 일부가 단두대 참수를 상징하기 위해 목에 붉은 리본을 맸다. 이게 초커의 원형이라는 얘기이다. '희생자 무도회'에 대한 역사적 기록은 찾기 힘들다. 하지만 초커의 프랑스 기원설을 주장하는 사람들은 비밀리에 개최된 만큼 기록에 남아있을 리 없다고 주장한다.

보석 초커는 부유층의 상징, 검은색 초커는 매춘의 상징

프랑스에서 유행하던 붉은색 초커는 영국으로 넘어가 검은색으로 바뀐다. 추모 행사에 주로 검은색을 쓰는 영국 문화 때문이라는 설도 있지만 프랑스에 대한 영국의 반감이 들어있다는 해석도 있다. 100년 전쟁을 시작으로 유럽 패권을 놓고 매번 전쟁을 벌인 두

나라였기에 영국 사람들이 프랑스 사람들의 패션을 자존심상 그대로 따라하지 않았다는 것이다. 어쨌든 영국으로 유입된 패션은 19세기에 들어서며 유럽 전역으로 퍼졌고 값비싼 보석이 박힌 초커는 부유층의 상징이 되지만 검은색 초커는 매춘 여성을 의미하는 상징으로 변질된다.

초커가 등장하는 그림을 많이 그린 화가로 에드가 드가를 꼽을 수 있다. 그가 그린 발레 무용수들은 초커를 하고 있는 경우가 많다. 그의 대표작 중 하나인 〈에투알(L'étoile)〉에 등장하는 무용수도 검은 초커를 하고 있다. 검은 초커가 당시 매춘 여성의 상징이었다는 걸 알면 무대 뒤 얼굴이 가려진 턱시도를 입은 남성의 존재감이 커 보인다. 실제 19세기 노동자 계급이었던 무용수들은 생활고에 시달렸고 이들과 특별한 관계를 맺는 스폰서들이 존재했다고 한다.

앞서 언급했듯 드가는 여성 혐오주의자였다. 어릴 적 어머니의 외도를 직접 목격한 영향을 받았다고 한다. 그래서 에드가 드가의 그림이 여성의 아름다움을 표현한 게 아니라 여성의 몸을 탐하는 현실을 그린 것이라는 해석도 있다. 그런 해석을 하는 사람들은 드가가 수많은 무용수를 그렸지만 실제 공연 장면이 아닌 연습 중이거나 무대 뒤, 무대 밖의 모습들을 그리고 있다는 점, 또 무용수들의 역동적인 춤 동작은 잘 묘사하면서도 정작 그들의 얼굴은 불분명하게 뭉개 버렸다는 점 등을 근거로 제시한다. 더불어 드가가 그

에드가 드가, 〈에투알〉

린 대부분의 무용수 목에는 당시 매춘을 상징하는 검은 초커가 있 다는 점도 언급된다.

아델레 블로흐 바우어 부인의 초커는?

클림트 그림의 주인공 아델레 블로흐 바우어 부인은 그림 속에서 차고 있던 초커 목걸이를 조카인 마리 알트만에게 결혼 선물로 줬다. 하지만 2차 세계대전 중 나치에게 강탈당하고 만다. 결국 이 초커 목걸이는 나치의 2인자라 불렸던 헤르만 괴링의 손에 들어간다. 괴링의 아내가 이 초커를 차고 다녔다는 말들도 있지만 공식적인 기록이나 이를 증명할 사진 등은 없다. 그러다 2차 세계대전이 끝났고 이 초커 목걸이는 자취를 감췄다. 아직까지 이 목걸이의 행방을 아는 사람은 없다.

블로흐 바우어 부인의 조카 마리 알트만은 미국으로 망명한 이후 초커 목걸이의 행방은 찾지 못했지만 이 초커가 그려진 클림트의 그림은 소송을 통해 되찾았다. 소송 상대는 오스트리아 정부였는데, 2차 대전 당시 나치의 약탈을 막기 위해 많은 그림을 숨긴 오스트리아 정부가 전쟁이 끝난 후 이를 돌려주지 않고 관리하고 있었기 때문이다. 마리 알트만은 소송에서 최종 승소하며 2006년 이

그림을 되찾았다. 그리고 몇 달 뒤 이 그림은 영국 소더비 경매에 나와 1억 3,500만 달러에 로널드 로더에게 넘어간다. 로널드 로더는 에스티로더 창업자의 아들이다. 이렇게 경매로 넘어간 그림은 현재 로널드 로더가 설립한 뉴욕의 노이에 갤러리에 전시돼 있다.

80조 원 규모의 미술 시장

글로벌 투자은행 UBS의 글로벌아트 마켓 보고서에 따르면 2024년 기준 글로벌 미술 시장 매출은 약 575억 달러, 우리 돈으로 79조 원이 넘는다. 지난 2021년과 2022년 코로나19 팬데믹 영향으로 글로벌 미술 시장이 역성장한 이후 최근 회복세를 보이고 있다.

2024년 기준으로 세계 미술 시장 점유율 1위는 미국으로 매출 기준으로 43%를 차지한다. 영국이 18%로 2위, 중국이 15%로 3위인데, 2023년과 비교해 중국과 영국의 순위가 바뀌었다. 최근 위축된 중국의 경제 상황이 미술품 시장에도 영향을 미치고 있는 것이다. 실제 2024년 중국 미술 시장 매출은 전년 대비 31%나 감소한 84억 달러로, 2009년 이후 최저치를 기록했다.

시장 리더십을 위협받는 소더비

　전 세계 미술 경매 시장은 소더비와 크리스티 두 회사가 사실상 양분하고 있다. 두 회사의 시장 점유율을 합치면 50%가 넘는데, 3위부터는 시장 점유율이 5% 이하로 떨어진다. 최고가 경매품을 누가 내놨느냐에 따라 순위가 바뀌곤 하지만 2017년 이후 근소하게 소더비가 앞서는 상황이 유지됐다. 하지만 최근 들어 소더비의 시장 리더십은 흔들리고 있다. 경기 침체와 미술 시장의 변화 등 다양한 요인이 존재하지만 경영적 측면에서 지난해 시행한 수수료 정책 변경이 패착이었다는 평가다. 소더비가 수수료 단순화를 목표로 판매자와 구매자의 수수료 체계를 변경했는데, 판매자들이 변경된 수수료에 불만을 갖고 경쟁사인 크리스티로 경매 출품을 해버린 것이다. 미술 경매 시장에서 판매자 수수료는 개별 맞춤 협상이 오랜 관행으로, 고가 출품작 소유주들은 수수료를 거의 내지 않는다. 그런데 소더비가 일괄 10% 수수료를 책정하니, 고가품을 많이 확보한 파워 아트딜러들이 소더비를 외면한 것이다. 결국 소더비는 맞춤형 네고 방식으로 사실상 수수료 정책을 되돌렸다.

메이 모세스 미술지수

　미술 시장에도 주식 시장처럼 시장 상황을 한눈에 알아볼 수 있는 지수들이 있다. 가장 유명한 미술 시장 지수는 마이클 모세스와 메이 지안펑이 개발한 메이 모세스 미술 지수(Mei Moses Fine Index)이다. 미술품 판매 데이터를 기반으로 한 지수로, 단독 주택의 반복 판매 가격을 기반으로 산출하는 케이스 쉴러 지수를 모델로 만들었다. 동일 미술품의 반복 판매를 추적해 지수에 반영하는 방식인데, 실제 미술 시장의 상승과 하락을 가늠할 수 있다는 점에서 미술 투자자들이 주요하게 챙겨 보는 지수이다. 2016년 소더비에 인수돼 지금은 소더비 메이 모세스 지수라고 부른다.

AMR 아트 100과 아트넷의 파인 아트 인덱스

　AMR 아트 100은 미술 시장에서 활동하는 상위 100명의 작가와 고가품의 가격을 위주로 산출한 지표이다. 고가 미술 시장의 동향을 파악하는 데 도움이 되는 지수이다.
　아트넷의 파인 아트 인덱스는 세계 미술 시장에서 가장 영향력 있는 온라인 플랫폼 중 하나인 아트넷이 자신들의 데이터 베이스

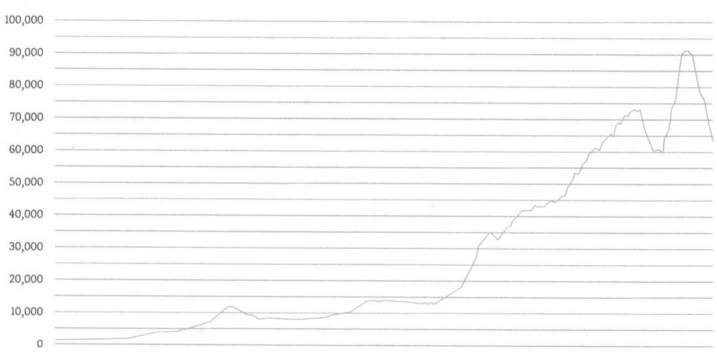

AMR 아트 100 (출처: https://www.artmarketresearch.com/all-art-family/)

를 기반으로 산출하는 미술 시장 지수이다. 1,800만 건에 달하는 전 세계 경매 결과를 데이터베이스화 해서 미술품의 시세 정보와 가격 동향을 알 수 있게 해 준다.

4장

기업과 기술의 생존법

진주 목걸이와
삼성의 애니콜 신화

엘리자베스 1세 초상

커다란 의자에 앉아 마지막 힘을 짜내고 있는 여인, 헨리 8세에 이어 왕좌에 오른 튜더 왕조의 첫 여왕 메리 1세이다. 왕위에 오른 지 이제 4년밖에 안 됐지만 그녀의 건강 상태는 심각했다.

메리 1세는 힘겹게 비서관이 내민 종이에 서명을 했다. 대주교와 신하들은 그녀의 주변을 지키며 기도를 올리고 있다.

"이 진주, 라 페레그리나는 나의 소유였던 만큼, 내 남편 펠리페 2세에게 반환할 것이다."

비서관이 여왕이 서명한 문서를 들어올리며 말한다.

"여왕 폐하는 유언과 소유물을 정확히 기록하시며, 라 페레그리나 진주를 스페인 국왕께 반환할 것을 명하셨습니다."

왕위의 계승자이자 메리 1세의 이복 동생인 엘리자베스 1세도 그 자리에 있었다.

'진주를 스페인으로 돌려보낸다고?'

엘리자베스 1세는 치미는 화를 억누르고 있었다.

그 진주는 단순한 보석이 아니다. 유럽 왕가의 서열을 가르는 보석이다.

엘리자베스 1세는 메리 여왕의 건강이 악화되고 자신이 왕좌를 이어받을 거라 확신하며 당연히 저 커다란 진주, 라 페레그리나는 자신의 것이 될 것으로 생각하고 있었다. 머릿속에 떠올리던 커다란 진주를 목에 건 자신의 모습이 거품처럼 사라지는 순간이었다.

보석은 권력이자 계약

그림 속 화려한 보석에 파묻힌 인물은 엘리자베스 1세이다. 그녀는 대영제국의 기초를 다진 인물이었던 만큼 강력한 왕권을 자랑했다. 이 초상화에도 그런 권력의 힘이 보석으로 보인다. 큼직한 다이아몬드부터 루비와 사파이어 그리고 굵은 진주알이 세 줄로 엮인 목걸이까지.

엘리자베스 1세는 영국 역사상 가장 강력한 왕권을 휘둘렀던 튜

〈엘리자베스 1세 초상〉

더 왕조의 마지막 군주이다. 이 시기 보석은 재물로서의 가치 외에도 여러 상징적인 도구로서 활용됐는데, 대표적인 게 사회적 지위를 드러내는 용도였다. 여왕의 사회적 지위를 드러내야 하니, 그녀의 초상이 얼마나 화려해야 했겠는가? 이 초상에 표현된 과하다 싶을 정도의 보석 치장은 그래서 여왕의 사치스러움도 그녀의 미적 감각도 아니다.

이 시기 보석의 또 다른 역할은 중요한 계약이나 동맹의 성사를 의미하는 징표로써의 기능이다. 진귀한 보석을 보냄으로써 자신의 제안이나 요구가 매우 진정성 있다는 걸 내보였고, 또 이걸 상대가 받음으로써 요구와 계약이 성사됨을 인정됐다.

엘리자베스 여왕과 진주

엘리자베스 여왕은 보석 중 특히 진주에 대한 애착이 강했다고 한다. 진주는 그리스 로마 신화에 나오는 미와 사랑의 여신 아프로디테가 조개에서 나올 때 흘린 물방울이 변해 만들어졌다는 신화를 품고 있는 보석이다. 그래서 여성의 미와 순결함을 상징하는 보석으로, 예나 지금이나 여성들의 사랑을 받는다. 더구나 엘리자베스 여왕 시대의 진주는 지금과는 비교할 수 없을 정도로 가치가 높

앉다. 천연 진주만 존재하던 시대이니, 이 초상화에 그려진 커다랗고 완벽한 원형의 진주는 구하기가 하늘에 별 따기 수준이었다. 물건의 희소성은 가격과 소유욕을 자극하기 마련이다. 다른 보석들은 광물이니 종종 대규모 광맥이 발견돼 대량 공급이 이뤄졌지만 진주는 살아있는 생물의 부산물에서 얻어야 하니 그런 일이 일어나는 것도 기대할 수가 없었다.

그래서 진주의 크기는 겹겹이 쌓인 세월의 힘이고 완벽한 원형의 진주는 행운의 상징이었다. 하지만 엘리자베스 여왕의 진주에 대한 집착은 절대권력을 상징했던 '라 페레그리나'를 눈앞에서 놓친 사건과도 연관이 있다.

엘리자베스 여왕과 라 페레그리나의 악연

스페인 왕가의 보물 '라 페레그리나'가 영국으로 넘어온 건 펠레페 2세가 영국과 동맹을 맺기 위해 영국 헨리 8세의 딸, 메리 1세에게 청혼 선물로 보냈기 때문이다. 메리 1세는 이걸 목걸이로 만들어 하고 다녔다. 헨리 8세가 세상을 뜨자 그녀는 여왕이 된다. 엘리자베스 1세는 메리 공주의 이복 여동생인데, 헨리 8세가 시녀 앤블린 사이에서 얻은 딸이었다. 엘리자베스는 언니의 자리가 부러웠고

커다란 진주 목걸이는 그 자리의 상징 같은 보석이었다.

엘리자베스가 라 페레그리나를 손에 넣을 기회는 두 번이나 있었다. 첫 번째 기회는 메리 1세가 왕위에 오른 지 4년만에 지병으로 세상을 떠나 엘리자베스 1세가 여왕에 오르던 때이다. 왕가의 보석은 왕의 권위와 권력의 상징인 만큼 왕위와 함께 승계된다. 그러니 당연히 엘리자베스 1세는 라 페레그리나를 자신의 목에 걸 것으로 생각했다. 하지만 메리 1세는 라 페레그리나를 펠리페 2세에게 돌려보내라는 유언을 남긴다.

두 번째 기회는 황당하게도 펠리페 2세가 엘리자베스 여왕에게도 라 페레그리나를 보내 청혼을 하면서 찾아왔다. 부인이 죽은 뒤 이복 동생이긴 하지만 처제에게 청혼을 한 것이다. 지금 시대엔 상상하기 힘든 일이지만 당시 왕가의 결혼은 사실상 국가 간 동맹을 대내외에 알리는 의식 같은 행위였으니 종종 일어나는 일이었다. 하지만 자존심이 셌던 엘리자베스 1세는 청혼을 거절했다. 개신교도였던 엘리자베스 1세와 독실한 가톨릭 신자인 펠리페 2세의 종교적 문제, 여기에 이 결혼으로 영국이 당시 강력했던 스페인의 영향력 아래에 놓일 가능성도 고려된 거절이었다.

그래서였을까? 엘리자베스 1세는 왕위에 오른 후 해상 무역을 장악했고 그 과정에서 해적들을 활용해 스페인(에스파냐)을 괴롭혔는데, 보물을 약탈할 때 진주는 무조건 빼앗으라는 명령을 내렸다

고 전해진다.

가장 유명한 진주, 결국 엘리자베스 손에

라 페레그리나(La Peregrina)라는 이름은 스페인어로 '방랑자', '순례자'라는 뜻이다. 스페인 왕가가 소유할 때부터 이런 이름으로 불렸는데, 이 이름과 진주의 운명이 딱 맞아 떨어진다. 메리 1세가 스페인으로 돌려보낸 지 300여 년이 흐른 1969년, 라 페레그리나가 드디어 엘리자베스의 손에 들어왔기 때문이다. 물론 엘리자베스 여왕이 아닌 다른 엘리자베스이다. 미국의 유명 여배우 엘리자베스 테일러가 그 주인공이다. 남편인 리처드 버턴이 발렌타인 데이 선물로 이 진주 목걸이를 그녀에게 줬다. 보기 드문 크기의 순도 높은 진주 목걸이는 그 자체만으로도 주목받기 충분한데, 보석이 가진 스토리와 엘리자베스 테일러의 유명세까지 더해져 더 큰 관심을 받았다. '라 페레그리나'라는 명칭은 이때부터 세상에서 가장 유명한 진주라는 수식어를 하나 더 얻게 된다.

2011년 라 페레그리나는 크리스티 경매에 등장해 또 한 번 세간의 이목을 집중시켰다. 익명의 낙찰자가 이 목걸이를 받아갔는데, 지금도 그 인물이 누구인지 알려지지 않고 있다. 몸을 숨겨 버린,

세상에서 가장 유명한 진주 라 페레그리나. 어쩌면 자신이 불렸던 이름처럼 세간의 눈을 피해 조용히 순례자의 삶을 살고 있는 건지도 모를 일이다.

진주를 불태웠던 미키모토

미키모토 코우키치는 진주 시장에서 매우 중요한 인물이다. 세계 최초로 진주 양식에 성공한 생명공학자이자 자신의 이름을 딴 미키모토라는 진주 판매 회사를 설립한 사업가이다. 천연 진주의 희귀성이 진주의 가치를 떠받치고 있던 시대, 양식 진주의 등장은 악몽 같은 사건이었

72만 개의 진주를 태우는 미키모토

다. 하지만 진주 시장은 양식 진주의 등장으로 초기 가격 폭락 등 혼란은 있었지만 이내 가격을 회복했고 인기도 유지됐다. 더 재미있는 건 천연 진주를 빠르게 양식 진주가 대체했을 뿐 아니라 양식 진주가 천연진주보다 더 비싸게 거래되는 현상까지 벌어졌다는 사실이

다. 이런 과정에 미키모토라는 인물이 매우 중요한 역할을 했다.

사업 수완을 뛰어넘는 천재적 마케터

미키모토는 단순히 진주 양식에 성공한 생명공학자가 아니다. 그는 보석 시장의 가격 형성 메커니즘을 꿰뚫어 본 천재 사업가이다. 그는 대중에게 양식 진주는 모조품이 아니라는 사실과, 완벽한 양식 진주는 천연 진주보다 구하기 어렵고, 사고 싶어도 살 수 없는 물건이라는 걸 보여 주려했다. 실제 다양한 연구 논문으로 천연 진주와 양식 진주가 다르지 않다는 걸 증명했다. 양식 진주는 씨 진주를 조개에 넣어 키워 내는 것으로, 인위적으로 만들어 낸 인공 진주와는 차이가 있다. 천연 진주와 성분 등 모든 면에서 100% 일치하고 크기나 모양은 양식 진주가 훨씬 우월하다. 특히, 그는 지름 2.5cm 이상의 대형 양식 진주는 '다이쇼렌'이라고 칭하며 판매하지 않고 회사가 직접 관리하기도 했는데, 사람들은 살 수 없는 진귀한 것에 더 열광한다는 사실을 이용해 동경의 대상을 만들어 놓는 전략이었다.

미키모토가 벌인 가장 흥미로운 사건은 진주를 태운 화형식이다. 자신들이 판매하는 진주의 완벽함을 알리기 위해 벌인 이벤트

로, 모양이 이상하거나 품질이 떨어지는 진주 72만 개를 기자들을 모아 놓고 불태웠다. 진주는 조개가 만들어 내는 부산물로 광물인 다른 보석들과 달리 수분이 많아 열을 가하면 모양이 변하고 망가진다. 미키모토가 그걸 몰랐겠는가? 고도로 계산된 일종의 쇼를 통해 자신들이 양식 진주 생산에 얼마나 완벽을 추구하는지를 알리려 했던 것이다.

삼성을 글로벌 반열에 올려 놓은 애니콜 화형식

삼성을 글로벌 기업 반열로 올려놓았다는 평가를 받는 고 이건희 회장. 그가 남긴 여러 일화 중 대표적인 걸 꼽으라면 1993년 혁신과 변혁을 강조한 '프랑크푸르트 선언'과 1995년 애니콜 신화의 기반을 닦은 '애니콜 화형식'이 있다. 프랑크푸르트선언은 이건희 회장이 남긴 명언 "마누라와 자식 빼고 다 바꿔라"라는 문장으로 종종 회자된다. 삼성의 혁신과 변화의 필요성을 짧지만 강력한 문장으로 표현해 냈다는 평가를 받는다.

애니콜 화형식은 삼성이 1993년 국내에서 휴대전화를 처음 선보이고 2년 뒤인 1995년 벌어졌는데, 모토로라 등 내로라하는 글로벌 기업들을 뒤쫓기 급급했던 삼성의 절박함이 드러난 사건으로

1995년 삼성 애니콜 화형식 (출처: 삼성전자)

평가된다. 1995년 3월 9일 삼성전자 구미 사업장에 품질 확보라 적힌 머리 띠를 맨 직원들이 도열했고, 15만 대의 삼성 휴대전화기 애니콜을 쌓아 넣고 불을 질렀다. 몇몇 직원들은 해머를 들고 불량 제품을 부수는 쇼(?)까지 감행했다. 이때 삼성이 불태운 제품이 무려 150억 원어치에 달했다고 한다. 대량 생산에 무게를 뒀던 삼성이 품질 경영으로 전략을 수정했다는 걸 대내외적으로 알린 이벤트였고, 이런 극단적 이벤트를 벌인 배경엔 애니콜 전화기의 불량률이 10%를 넘어선 위기감이 있었다.

  고 이건희 회장의 진주 사랑 여부는 알 수 없지만 아마도 미키모토 고우키치의 진주 소각쇼는 알고 있었을 것 같다. 진주 양식에 세계 최초로 성공하고 천연 진주 위주의 시장을 양식 진주로 바꿔 놓기 위해 벌인 미키모토의 진주 화형식과 삼성 애니콜의 화형식이 겹쳐보이는 것은 단순한 우연이 아니다.

오페라 글라스와 ASML

메리 카사트 〈로지에서〉

1970년대 말, 펜실베이니아 카사트 저택.

벽난로 불빛이 부드럽게 흔들리는 가족 거실에 메리 카사트와 그녀의 아버지 로버트와 오빠 알렉산더가 있다. 메리가 머뭇거리다 입을 연다

"아버지, 오빠… 저 프랑스로 갈래요. 그림 공부를 제대로 하고 싶어요. 더 넓은 세상에서 저만의 예술을 찾아보고 싶다구요."

로버트가 애정과 걱정이 담긴 눈빛으로 그녀를 보며 말한다.

"메리, 나는 너를 항상 응원한다. 하지만 네가 얼마나 힘든 길을 택하려는지는 알고 있는 거냐? 부족한 것 없이 자란 네가, 더구나 여자 혼자 프랑스에 가겠다고?"

오빠 알렉산더도 한마디 섞는다

"네 열정은 알겠지만 고집 부릴 일이 아니다. 우리 집안은 이미 성공했잖니. 나를 봐. 나도 이제 어엿한 철도 회사 사장이야. 네가 좋아하는 그림 여기서도 얼마든지 그릴 수 있잖니. 너도 결혼도 하고 가정을 꾸리고 이런 걱정을 할 나이야."

메리는 오빠의 말에 화가 났다.

"성공 여부가 중요한 게 아니잖아요. 제 꿈이라구요. 집안의 성공요. 그래요 아빠와 오빠의 것이죠. 난 내 이름으로 이루고 싶다고요. 여자라는 게 뭐가 그렇게 문제가 되죠? 저도 저만의 방식으로 가문의 자랑이 될 수 있다고 생각해요."

집안의 반대에도 불구하고 메리 카사트는 1866년 프랑스로 건너갔다. 그녀는 그곳에서 미술 교육을 받으며 인상주의 화가들과 활발히 교류했고, 미국 화단에 큰 영향을 미친 화가가 된다.

미국 여성 화가의 선구자 메리 카사트

관람석에서 오페라 글라스로 무언가를 바라보고 있는 여인을 그린 〈로지에서(In the Loge)〉는 미국의 여류 화가 메리 카사트의 작품이다. 로지(Loge)는 오페라 극장 등에서 볼 수 있는 칸막이가 있는

관람석을 말한다. 메리 카사트는 미국 여성 중 처음으로 파리 살롱전에 작품을 출품해 전시한 인물이며, 아예 프랑스로 건너가 인상주의 화가들과 함께 활동했던 사람이기도 하다. 그녀는 부모의 반대를 뚫고 화가의 꿈을 키웠고 당시 여성 예술인들을 무시하는 시대 분위기와도 당당히 맞섰던 인물이다. 그녀의 그림은 그래서 여성을 주제로 여성의 삶을 다각도로 그려냈다. 특히 엄마의 육아하는 모습을 많이 그렸는데, 아이를 키우는 부모라면 이런 그녀의 그림이 무척 따뜻하게 다가올 것으로 생각된다.

오페라 글라스와 2개의 시선

〈로지에서〉라는 작품 안에는 2개의 엇갈린 시선이 존재한다. 하나는 그림의 주인공인 여성이 오페라 글라스를 통해 바라보는 시선이다. 무대가 아닌 어딘가를 향해 있는 이 시선의 끝에 무엇이 있는지는 알 수 없으나 오페라 글라스에 집중하는 그녀의 모습이 이 그림의 중심인 건 확실하다. 또 다른 시선은 이런 그녀를 바라보는 한 남성의 시선이다. 이 남성 역시 오페라 글라스를 통해 그녀를 바라보고 있는데, 그 모습이 꽤 노골적이다. 메리 카사트는 당시 파리에서 가장 화려한 장소인 오페라 하우스를 택해 엇갈린 두 시선을

메리 카사트, 〈로지에서〉

그림에 녹였다.

  노골적인 남성의 시선에도 아랑곳하지 않고 당당히 자신이 보고 싶은 곳을 응시하는 여성의 모습은, 그녀가 매우 독립적 인물임을 보여 주는 듯하다. 그래서 이 그림에 대한 평가에는 자유를 갈망하기 시작한 당시 여성들의 모습이 투영됐다는 해석이 있다.

오빠의 유명세에 눌렸던 그녀의 꿈

  메리 카사트는 주식 중개인 아버지와 은행가 집안의 어머니 사이에서 태어났다. 엄청난 부잣집은 아니었지만 그래도 꽤 유복한 환경에서 자랐다. 그녀의 큰 오빠는 미국 운송 역사에 큰 이정표를 쓴 펜실베이니아 레일로드의 7대 사장인 알렉산더 존스턴 카사트이다. 그는 뉴욕의 맨해튼과 롱아일랜드를 허드슨 강 밑으로 연결한 이스트 리버 터널을 계획하고 실행했으며, 사장으로 있는 동안 펜실베이니아 레일로드의 덩치를 두 배나 키운 인물이다.

  그녀의 이런 집안 환경은 화가가 되려는 그녀의 꿈을 막는 큰 장벽이었다. 그녀의 집안은 여성의 사회 진출 더구나 여성 예술가로서의 활동을 탐탁치 않게 여겼다. 하지만 카사트는 끝내 꿈을 이뤘고, 당시 전 세계 화단의 주류였던 프랑스 인상주의 화가들과 함께

활발한 활동을 벌였다.

  그녀는 프랑스 인상파 화가들의 미국 전시에도 큰 역할을 한 것은 물론 미국의 여러 미술관과 박물관이 프랑스 인상주의 화가들 작품을 소장하는데도 많은 기여를 했다. 19세기 초 많은 미국의 미술 수집가들은 메리 카사트를 고문으로 위촉하고 싶어 했고, 그녀는 프랑스 인상주의 화가 작품을 사들이도록 이들을 적극 설득했다. 또 그녀가 이들의 고문 역할을 맡는 조건 중 하나로 구매한 미술품 중 일부를 미술관에 기부해야 한다는 내용을 포함시키기도 했다. 현재 뉴욕 MOMA(현대미술관)가 소유한 인상주의 화가 작품의 상당수는 메리 카사트의 이런 노력으로 사들이거나 기부 받은 작품이다.

더 뚜렷하고 자세히 보고 싶은 욕망

  오페라 글라스는 더 크고 자세히 보고 싶은 인간의 욕망을 보조해 준 도구이다. 렌즈가 그림에 최초로 등장한 것은 1352년 이탈리아 화가 토마소 다 모데나가 그린 위고 대주교 초상화로 알려져 있다. 이 그림에는 위고 대주교가 안경을 쓰고 책을 보는 모습이 그려져 있다. 그 후 200여 년이 흐른 1590년대 이탈리아의 화가 페데 갈

리치아가 그린 예수회총장의 초상화인 〈파올로 모리지아의 초상화(Portrait of Paolo Morigia)〉에도 안경을 손에 쥔 모습이 확인된다.

인간이 렌즈를 활용한 역사적 기록은 그보다 훨씬 전으로 거슬러 올라가야 하는데, 고대 중국의 판관들이 연수정으로 만든 검은 안경을 썼다는 기록이 있고, 로마의 네로 황제가 눈을 보호하기 위해 에메랄드를 활용했다는 얘기도 전해진다. 하지만 본격적인 렌즈의 활용은 구텐베르크의 인쇄술 이후이다. 14세기 인쇄술로 인해 출판물이 쏟아져 나오자, 작은 글씨를 더 선명하게 보고자 했던 사람들이 렌즈를 활용하기 시작했고 안경으로 이어졌다.

망원경 그리고 ASML

안경은 망원경의 발명으로도 이어진다. 망원경을 발명한 사람은 네덜란드의 안경 제조공이었던 한스 리페르헤이다. 그는 아이들이 물체가 크게 보인다며 렌즈 두 개를 가지고 노는 모습을 보고, 망원경을 만들었다. 메리 카사트의 그림에 등장한 오페라 글라스를 만든 것도 바로 한스 리페르헤이이다. 망원경은 초기 군사용으로 주로 활용됐다. 이후 갈릴레이 갈릴레오가 하늘로 시선을 돌리며 인간의 관심 영역을 지구를 넘어 우주로 확장시켰고, 인류 과학과 의

페데 갈리치아, 〈파올로 모리지아 초상〉.
오른쪽 하단에 안경을 쥔 손이 보인다.

학 발달 수준을 한 단계 끌어올린 현미경의 발명으로도 이어졌다.

망원경의 원리는 역으로도 활용된다. 최첨단 산업인 반도체의 핵심 공정인 포토 공정이 그렇다. 이 공정의 핵심 장비가 ASML이라는 네덜란드 회사의 노광 장비인데, 이 장비가 바로 망원경의 원리를 거꾸로 이용한 것이다. 이 장비가 없으면 전 세계 반도체 산업이 멈춘다는 말이 나올 정도로 중요한 장비인데, 미세하게 그려진 반

도체 설계도를 웨이퍼에 옮기기 위해 망원경의 원리를 반대로 활용한다.

더 작고 세밀하게 그려야 하는 첨단 반도체

반도체가 특별한 기능을 하기 위해서는 그 특성에 맞는 회로를 웨이퍼에 그려 넣어야 한다. 초기 반도체는 사람의 손으로 이걸 직접 그려 넣었다. 그러다 보니 일관된 성능 보장이 힘들었고, 대량 생산도 불가능했다. 성능은 지금보다 한참 떨어졌지만 핵심 공정이 사실상 수작업이었으니 가격은 비쌌다. 이런 문제를 해결하고자 했던 초기 반도체 개발자

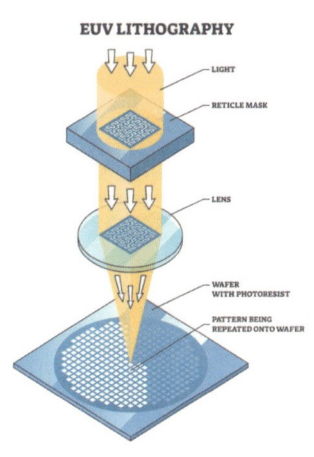

반도체 포토 공정

들이 활용한 기술이 망원경과 사진의 원리이다. 망원경을 뒤집어 놓고 그 위에 자신이 그리고 싶은 회로도가 음각으로 그려진 가림막(마스크)을 올린 뒤 빛을 쪼여 회로도가 작게 나타나게 하는 방식이다. 회로도가 작게 비춰지는 곳에 감광액, 빛에 반응하는 물질을

발라 놓으면 회로도는 자동으로 새겨진다.

반도체 관련 뉴스들을 접할 때면 5나노, 3나노 등 이른바 미세공정 경쟁에 대한 내용을 접하게 된다. 미세공정은 반도체 제조과정에서 트랜지스터 간의 간격을 줄여 회로 밀도를 높이는 기술을 말하는데, 이게 더 줄어든다는 건 칩의 크기가 작아진다는 의미이자 같은 크기의 칩이라면 더 많은 트랜지스터를 넣어 성능을 높일 수 있다는 말이다. 어쨌든 이렇게 빛을 쬐고 감광액을 활용하는 과정이 마치 사진을 찍는 과정과 비슷하다고 해서 포토 공정이라고 부르고, 이후 이렇게 웨이퍼에 그려진 회로를 화학약품 등으로 녹여 홈을 파는 과정은 식각, 여기에 실제 전기가 통하고 연결되도록 고정하는 과정을 증착이라고 한다.

인텔이 넘겨준 극자외선 기술

1980년대 후반까지 일본의 폭풍 성장 시기, 소니를 중심으로 한 일본의 전자산업은 미국에 굉장한 위협이었다. 마치 요즘 중국을 견제하듯 이 시기 미국은 일본을 견제했다. 심지어 엔화의 가치를 인위적으로 조정해 일본 상품의 가격을 상대적으로 비싸게 만들어 버리기도 했다. 일방적인 요구였지만 이들은 이걸 합의라고 칭했

다. 이것이 프라자 합의이다.

　잘나가던 일본의 반도체 산업도 미국의 강한 견제에 주춤하게 되는데, 이때 수혜를 본 대표적인 나라가 우리나라, 한국이다. 삼성의 반도체 시장 진출은 이런 시대적 배경을 가지고 있다. 일본의 급성장을 견제하기 위해 미국은 한국과 대만의 반도체 산업을 지원했다.

　네덜란드의 ASML 역시 이 시기 미국의 일본 견제에 대한 반사이익을 얻은 기업이다. 반도체 노광장비 기술은 미국의 코닥과 일본의 니콘, 캐논 같은 카메라 관련된 기업들이 주도하던 시장이었다. 하지만 미국의 일본 반도체 산업에 대한 강한 견제로 일본의 반도체 시장은 침체됐고, 니콘과 캐논은 결국 이 사업을 포기하게 된다. 미국은 선택과 집중이라는 차원에서 장비보다 부가가치가 높은 반도체 설계에 집중하며 노광장비 핵심 기술을 해외로 이전했는데, 그중 미국 인텔이 가지고 있던 극자외선 활용 기술이 네덜란드의 ASML로 넘어간 것이다.

크기 경쟁에서 효율성 경쟁으로

　반도체를 더 작게 만드는 경쟁은 지속되고 있지만 분명 한계가 있다. 1나노미터가 1미터의 10억분의 1 크기(머리카락 굵기의 10만

분의 1)이니 현재 3나노, 5나노 공정 기술이 더 발전한다고 한들 얼마나 더 미세해질 수 있겠는가. 그래서 반도체 기술 발전의 또 다른 방향은 효율성 경쟁이다. 같은 크기의 반도체에서 데이터를 더 빠르게 더 많이 보내도록 하는 경쟁이다. 이는 전송 과정에서의 데이터 손실을 줄이는 것도 포함된다. 그래서 요즘 뜨는 게 '빛'이다. 기존 반도체 회로는 데이터를 담은 전기 신호를 실리콘 내 구리 등 금속 배선으로 보내는데, 이걸 빛(광학)으로 바꾸려는 노력을 하고 있다. 빛을 활용하면 전자 방식보다 훨씬 빠르고 저항도 적어 데이터 손실, 발열 등을 크게 줄일 수 있다. 이런 기술을 실리콘 포토닉스(Silicon Photonics)라고 한다. 엔비디아의 젠슨 황 CEO는 대외적으로 아직은 구리선 기반 기술에 의존해야 한다며 신중한 입장을 내보이고 있지만 엔비디아가 TSMC와 협력해 실리콘 포토닉스를 개발하고 있다는 사실은 이미 알려진 비밀 아닌 비밀이다.

불에 탄 옛 증권거래소와 명화

페더 세버린 크뢰이어 '코펜하겐 증권거래소에서'

17세기에 세워진 덴마크 코펜하겐 옛 증권거래소 건물에 불이 나 높이 56m에 이르는 첨탑이 무너지는 등 큰 피해가 났습니다. 소방대원과 시민들은 건물에 소장돼 있는 귀중한 명화들과 문화재를 구하기 위해 나섰습니다. 화재가 난 옛 증권거래소는 '뵈르젠'으로 불리며, 네덜란드 르네상스 양식으로 1615년에 지어져 많은 관광객이 찾는 곳입니다. 건물은 최근 보수 작업이 진행 중이었으며 화재 원인은 아직 알려지지 않았고, 인명 피해도 보고되지 않았습니다.

-YTN 2024.04.17. 보도

지난해 덴마크 국민들을 충격에 빠뜨린 화재 소식이 있었다.

400년 역사의 국보급 건물이 화마에 휩싸인 것이다. 불길에 휩싸인 건물이 무너져 내리는 모습은 안타까움을 넘어 충격적이었다. 아마도 우리에게는 국보 1호인 숭례문의 화재 장면이 오버랩 됐기 때문일 수도 있겠다.

    화재가 났던 건물은 1640년 덴마크 국왕 크리스티안 4세의 지시로 지어진 건물이다. 과거 증권거래소로 사용됐고 현대에 와서는 덴마크 상공회의소 본부가 위치해 있었다. 크리스티안 국왕은 코펜하겐을 무역 중심지로 키우고 싶어 했던 인물이다.

긴박했던 명화 구출 작전 그리고 그림 속 인물 50명

    역사가 오래된 만큼 이 코펜하겐 옛 증권거래소(현 상공회의소) 건물에는 국보급 그림과 물건들이 꽤 보관돼 있었다. 화재가 나자 이런 문화재급 물건들이 급히 밖으로 옮겨졌는데, 언론에 이런 장면이 포착되기도 했다. 그중 하나가 페더 세버린 크뢰이어의 〈코펜하겐 증권거래소에서(Fra Københavns Børs)〉라는 그림이다. 이 그림은 연미복을 차려입고 탑햇까지 쓴 50명의 사람들이 큰 홀에 모여 있는 모습이 담긴 단체 초상화이다. 그림 속 인물들은 이 그림이 완성된 1895년 당시 덴마크의 상업과 금융업을 대표하는 내로라는

페더 세버린 크뢰이어, 〈코펜하겐 증권거래소에서〉

인사들이었다.

당시 코펜하겐 증권거래소는 크뢰이어의 작품 〈코펜하겐 증권거래소에서〉를 포함해 4개의 단체 초상 작품을 구상했던 것으로 알려진다. 당초 구상은 덴마트의 주요 산업이었던 무역, 농업, 해운업 등의 대표 인물들을 그려 넣은 대형 초상화 4개로 큰 홀(그레이트 홀)의 사방을 채우는 것이었다고 한다. 하지만 50명을 그려 넣은 이 작품만 완성됐는데, 아마도 비용 문제였을 것으로 추정한다.

역시 주식거래소, 그림에도 자본 논리가

증권거래소였기 때문이었을까? 이들의 그림 제작비 조달도 자본시장의 논리를 따랐다. 〈코펜하겐 증권거래소에서〉라는 작품에 그려진 인물들의 위치에는 일종의 자릿세가 책정돼 있었는데, 증권거래소가 기부 명목으로 이들에게 돈을 받아 그림의 제작비를 충당한 것이다. 앞쪽 가장 눈에 띄는 자리는 800크로네(DKK), 사람이 몰려있는 중앙 자리는 500크로네 그리고 그 뒤쪽은 300크로네 이런 식이었다. 실제 이 그림 중앙에는 덴마크 경제사에서 빼 놓을 수 없는 인물, 칼 프레데릭 티에트겐과 요한 한센이 그려져 있다. 티에트겐은 금융가이자 사업가로 북유럽 최대 금융그룹, 노르디아의 전신

인 프라바트방켄을 설립한 인물이고, 요한 한센은 대형 선박회사와 금융사를 소유한 거물이었다. 130여 년 전 덴마크를 이끌던 산업 역군 50명이 한꺼번에 등장하는 이 그림은, 현재 덴마크에서 국보급 자산으로 취급된다.

빛을 사랑한 페데르 세버린 크뢰이어

크뢰이어는 덴마크 왕립 미술 아카데미에서 회화 교육을 받았다. 1877년에서 1881년 유럽 여러 지역을 돌아다녔는데, 프랑스에 머무는 동안 모네, 드가, 르누아르 등 인상주의 화가들과 교류하며 자신의 화풍을 완성했다. 크뢰이어의 작품에는 이런 단체 초상화뿐 아니라 산업 현장을 그린 것들도 여럿 있다. 프라 부르마이스터 오그 웨인의 〈철 주조소에서(From Fra Burmeister og Wain's Iron Foundry)〉라는 작품은 산업 현장의 역동적 모습을 담고 있다. 특히 달아오른 쇳물과 그 주변의 노동자들을 고로에서 반사된 빛을 활용해 생생하게 표현한 게 인상적인 작품이다.

프라 부르마이스터 오그 웨인, 〈철 주조소에서〉

한국에 밀린 덴마크의 철강 조선업

농업 국가였던 덴마크는 1870년대에 들어 본격적인 산업화가 시작된다. 특히 철강 산업의 발전은 다른 부가가치 높은 산업의 성장을 이끌었다. 덴마크는 발트해 입구에 위치해 유럽 본토는 물론 북유럽, 러시아 등으로 진출이 쉬웠

고, 400여 개 섬을 가진 반도국가로 해안선 길이만 8,000km가 넘는 지형적 이점을 조선업으로 살렸다. 동화작가 안데르센의 고향인 오덴세도 조선업으로 유명했던 도시인데, 덴마크 최대 조선사가 이곳에 있었다. 글로벌 해운 강자 머스크(Maersk)가 자신들이 사용할 선박을 건조하기 위해 이곳에 1904년 조선소를 설립했다. 잘나가던 덴마크의 조선산업은 1990년대에 들어서자 한국 등 아시아 국가들의 강력한 도전에 밀리기 시작한다. 결국 오덴세의 머스크 조선소도 버티고 버티다 2008년 금융 위기라는 카운터 펀치를 맞고 수익성 악화가 심화돼 2012년 마지막 선박을 인도하고 문을 닫는다.

조선은 몰락했지만 로봇으로 부활

　지금 오덴세는 로봇의 도시다. 조선업이 경쟁에서 밀리기 시작하자 머스크사가 지역 대학과 함께 로봇연구소를 세워 새로운 성장 동력을 찾은 덕이다. 출발은 가격 경쟁에 밀리지 않기 위해 용접이나 도색 등의 자동화를 위한 연구였지만 지금은 다양한 협동(산업)로봇과 드론 등을 생산하는 기업들이 모여 클러스터를 형성하고 있다. 그중 가장 유명한 회사가 세계 최초로 상업용 협동 로봇을 개발한 유니버설 로봇이다. 이 회사는 현재 글로벌 협동로봇 시장의 50% 가량을 점유한다.

　한국의 조선사들도 중국의 거센 도전에 직면해 있다. 가격 경쟁으로는 이미 중국에 밀린 지 오래다. 다만 LNG 운반선 등 첨단선박 분야와 고효율, 친환경 선박에서의 경쟁 우위를 지켜 내고 있는 상황이다. 또 하나 다행스러운 것은 미국과 중국의 갈등이 한국 조선사들에게는 또다른 기회를 제공하고 있다는 점이다. 한미정상회담에서 우리 정부가 미국에 제안했다는 MASGA(Make Ameircan Shipbuilding Again) 프로젝트도 이런 배경을 잘 이용한 것이다. 트럼프 대통령이 미국 조선업 재건을 강하게 추진하고 있고, 이를 위해서는 글로벌 선박 제조 경쟁력이 뛰어난 한국의 도움이 절실하기 때문이다. 이젠 사실상 세계 최대 조선 강국이 돼 버린 중국이 해군

함정과 상업용 선박 건조 능력을 강화하며 해양 패권을 갈수록 확대하는 걸, 트럼프 행정부가 강하게 견제하고 있다. 심지어 미국은 중국 선사가 소유하거나 운영하는 선박과 중국 조선소에서 건조된 선박을 대상으로 미국 항만 입항 수수료를 비싸게 받는 조치까지 시행하고 있다.

선박의 종류와 선적량을 나타내는 단위

대형 조선사에서 만들어지는 배들은 사용처에 따라 유형이 구분된다. 컨테이너 박스에 포장된 다양한 화물을 실어 나르는 배는 컨테이너선, 석유 등 액체 화물을 대량으로 운반하는 배는 유조선 그리고 곡물이나 석탄, 비료 같은 것들을 포장 없이 대량으로 싣는 선박은 벌크선이다. 여기에 기체를 극저온 혹은 압축 상태로 운반하는 특수선인 LNG와 LPG선이 있고 자동차를 실어 나르는 자동차 운반선인 PCTC(Pure Car and Truck Carrier)와 PCC(Pure Car Carrier), 사람을 나르는 여객선 그리고 군사용인 군함 등으로 구분한다.

선박의 크기는 선적 용량으로 표시하는데, 선박의 용도와 화물의 종류에 따라 달라진다. 컨테이너선은 TEU라는 단위를 사용한다. 1TEU는 20피트 컨테이너 1개를 의미한다. 우리나라에서 건조한 컨

테이너선 중 가장 큰 컨테이너선은 현재 HMM이 운용하고 있는 알해시라스(Algeciras)로 선적량이 2만 3,964 TEU에 달한다. 대우조선해양(현 한화오션)에서 만들었다. 건조 당시 세계에서 가장 큰 컨테이너선이었지만 2023년 MSC가 중국의 양쯔장 선박그룹에 발주해 건조한 아리나(Irina)에게 자리를 뺏겼다. 아리나는 2만 4,346TEU의 급이다.

벌크선은 DWT(Deadweight Tonnage)라는 단위를 사용하는데, 재화중량톤수 다시 말해 배가 안전하게 싣고 운반할 수 있는 최대 무게를 쓴다. 이 재화중량톤수에는 선박에 실을 수 있는 화물의 무게뿐 아니라 선박을 움직이기 위한 연료, 선원과 선박에 실린 각종 물자의 무게까지 포함된다. 전 세계 벌크선의 70%는 3만 5,000~6만 5,000 DWT며 초대형 벌크선은 40만 DWT가 넘는 것도 있다. 흥미로운 건 DWT에 따라 업계에서 벌크선을 부르는 별칭들이 있다는 사실이다. 최대급 벌크선들은 주로 중국행 철광석을 싣기 때문에 차이나맥스라고 불리며 6만~8만 DWT까지는 파나마 운하 통과가 가능다는 뜻에서 파나마맥스로, 그리고 8만~20만 DWT는 파나마 운하 통과가 불가해 운하가 뚫리기 전 항로인 남아프리카공화국 희망봉을 떠올리게 한다는 의미에서 케이프사이즈라고 부른다.

생존을 위한 선택일까? 변절일까?

나폴레옹의 궁정 화가 자크루이 다비드

붓을 든 자크루이 다비드의 손이 미세하게 떨린다. 그의 눈은 커다란 캔버스에 고정돼 있고 이마엔 땀방울이 맺혔다. 마지막 터치를 위해 숨을 고른 자크루이 다비드의 붓을 든 손이 캔버스로 향한다.

"이것으로 끝이다."

그가 중얼거린다.

붓을 내려놓는 순간, 방 안의 공기마저 바뀐 듯한 착각에 빠질 정도다. 다비드는 나폴레옹의 붉은 망토에 마지막 붓질을 했고 그림 속 나폴레옹은 용맹한 모습으로 살아 움직이는 듯하다.

다비드가 한발 뒤로 물러서자, 그의 조수가 감탄에 겨워 말한다.

"선생님, 이건… 정말 대단합니다."

다비드의 눈엔 자부심이 가득하다. 알프스의 험준한 산맥을 배경으로 백마에 올라탄 나폴레옹을 다시 한번 바라본다. 그림 속 영웅이 살아있는 듯 말 위에 올라 프랑스를 위해 목숨을 걸자며 외치는 것 같다.

이때 갑자기 전령 한 명이 문을 열고 급히 들어온다.

"다비드 선생님, 황제께서 그림을 보고 싶어 하십니다!"

다비드의 얼굴에 옅은 미소가 번진다. 황제도 분명 이 그림에 만족할 거라는 확신의 미소이다. 다비드가 또 혼잣말로 중얼거린다.

"황제여, 프랑스의 영웅이여."

자크루이 다비드는 배신자? 부역자?

자크루이 다비드는 나폴레옹 황제 시절 제일 잘나가는 궁정 화가였다. 나폴레옹 초상 중 가장 유명한 〈생 베르나르 고개의 나폴레옹(Le Premier Consul franchissant les Alpes au col du Grand Saint-Bernard)〉을 그린 이가 바로 자크루이 다비드이다. 또 1804년 노트르담 성당에서 열린 나폴레옹과 조세핀의 대관식도 그의 작품이다.

하지만 그의 이력은 이런 그림을 그린 자크루이 다비드를 다시 보게 만드는데, 그가 프랑스 대혁명을 이끈 급진 자코뱅파의 주요

자크루이 다비드, 〈생 베르나르 고개의 나폴레옹〉

자크루이 다비드, 〈나폴레옹의 대관식〉

인물이었기 때문이다. 심지어 그는 혁명 정부의 수장 격인 국민공의회 의장까지 맡았을 정도로 혁명에 깊숙이 관여한 인물이다. 폭군을 증오했고 귀족들을 강하게 비난했던 그가 나폴레옹 황제의 궁정화가로 황제의 영웅화에 앞장섰다는 건 아이러니하다. 지금 정치 논법이라면 자크루이 다비드는 프랑스 혁명의 배신자며 나폴레옹 황제 장기 집권을 도운 부역자인 셈이다.

혁명의 불쏘시개, 마라의 죽음

"마라가 죽었다! 마라가 암살당했다!"

혁명 지도자의 죽음은 순식간에 파리 전역을 뒤흔들었다. 사람들은 분노와 슬픔에 휩싸였고 두려움을 동시에 느꼈다. 며칠 후, 자코뱅파는 긴급회의를 소집했고 지도부는 마라의 죽음이 혁명에 미칠 영향을 논의했다. 회의장에 자크루이 다비드도 있었다. 그는 마라의 암살 소식을 듣고 가만있을 수 없었다.

'이 사실을 알려야 해. 그의 죽음을 헛되게 할 수 없어. 그는 순교를 한 거야.'

그는 밤새 그린 그림을 들고 회의에 참석하고 있었다.

"동지 여러분, 제가 마라의 마지막 모습을 그렸습니다."

그가 그림을 펼치자 회의장에 침묵이 깔린다. 그림 속 마라는 욕조에 누워 있었고, 그의 손에는 펜과 편지가 쥐어져 있다. 피 묻은 상처는 그의 안타까운 죽음을 강조했고, 평화로운 표정은 그를 순교자처럼 보이게 했다.

누군가 외쳤다.

"이걸 우리만 봐서는 안됩니다. 이것이야말로 우리에게 필요한 것이오. 마라의 죽음을 혁명의 상징으로 만듭시다."

다음날, 〈마라의 죽음(Marat assassinated)〉이라 이름 붙여진 이 그림은 파리 곳곳에 전시됐다. 사람들은 그림 앞에 모여들어 눈물을 흘리고, 복수를 맹세했다. 자코뱅파는 이 그림을 혁명의 깃발로 삼았다. 대중들을 자극했고 세력은 커졌다.

장 폴 마라는 프랑스혁명 당시 급진파인 자코뱅파를 이끌던 핵심 인물이었다. 온건파인 지롱드파 지지자였던 샤를로트 코르데에게 1973년 7월 살해당한다. 지금으로 치면 당 대표급 유력 정치인이 상대당 여성 지지자에게 피살당한 사건이다. 샤를로트 코르데는 자코뱅파의 과격한 정책에 반대해 온 지롱드파(온건파)를 보호하려고 이런 일을 저질렀다고 말했다. 그를 죽이면 프랑스가 내전에 이르는 걸 막을 수 있다고 믿었다는 것이다.

이유야 어쨌든 자코뱅파 지지자들은 분노했다. 이런 상황에 자크

자크루이 다비드, 〈마라의 죽음〉

루이드 다비드가 마라의 살해 현장을 그려 대중에게 공개한 것이다. 더구나 그 그림에는 몇 가지 대중을 자극할 요소가 가미돼 있었다. 그림 속 마라는 온화한 표정으로 팔을 축 늘어뜨린 채 죽어 있는데, 이 모습이 미켈란젤로의 피에타 조각상을 떠올리게 했다. 성모 마리아가 안아 올린 죽은 예수의 모습과 매우 흡사하기 때문이다. 또 마라의 손에는 실제 살해 현장에는 없던 편지가 들려있었다. 이 편지는 기만적인 지롱드파를 상징하는 것이었다. 마라가 일면식도 없던 샤를로트 코르데를 만난 이유가, 그녀가 지롱드파에서 자코팽파로 마음을 바꾼 이들의 명단을 가지고 있다며 접근해 왔기 때문이었다. 그녀는 첫 만남에서 마라를 살해했다.

세밀한 묘사의 끝판왕인 자크루이 다비드가 그렸으니 〈마라의 죽음〉은 활활 타오르는 대중의 분노를 더 거세게 만들었다. 샤를로트 코르데는 지롱드파를 보호하기 위해 이런 일을 저질렀지만 마라의 죽음은 자코뱅파의 결집을 더 강화했고, 그들의 정치적 자본으로 적극 활용됐다. 또 자코뱅파 공포 정치의 기반으로 쓰였다.

극도의 혼란이 극복되기까지

프랑스혁명으로 왕정은 무너졌지만 공화정이 자리 잡기까지 극도의 사회 혼란은 한동안 지속됐다. 대중들은 믿었던 민중의 대표들이 행하는 공포정치를 경험했고, 나폴레옹이라는 1인 리더십에 기댄 황제의 시대를 보내게 된다. 황제가 몰락하자 다시 브르봉 왕조가 정권을 잡는 왕정복고의 시대를 맞게 된다. 이렇게 가다 서다를 반복하고 다시 뒷걸음질도 치며 프랑스는 진정한 공화정 시대로 이동했다. 자크루이 다비드는 이런 세찬 파도에 꿋꿋이 버틴 게 아니라 바람과 파도를 탄 사람이다. 그는 나폴레옹 황제 시대가 몰락하자 프랑스에서 추방됐다. 브뤼셀에서 망명 생활을 하던 그에게 다시 정권을 잡은 부르봉 왕조의 루이 18세가 러브콜을 보냈지만 말년의 그는 응하지 않았다.

테니스 코트의 서약

자크루이 다비드가 그린 또 하나의 역사적 장면은 〈테니스 코트의 서약(Serment du Jeu de paume)〉이다. 루이 16세는 프랑스 혁명 초기 혼란을 수습하기 위해 삼부회를 소집한다. 지금으로 치면 국회

자크루이 다비드, 〈테니스 코트의 서약〉

다. 하지만 1신분인 성직자와 2신분인 귀족들이 투표권을 놓고 3신분인 평민들을 차별하려 했다. 인구비례 투표 방식에 1, 2신분이 반대하고 나선 것이다. 반대에 부딪힌 3신분이 회의를 따로 열려 하자 회의장마저 폐쇄했고, 그래서 그들이 모인 곳이 테니스 코트였다. 그날 이 테니스 코트에서 국민회의가 결성되고 헌법 제정 맹세가 이뤄진다.

혼란은 불안하고 불편하다. 하지만 사회적 갈등과 혼란은 어떻게 수습하느냐에 따라 변화의 큰 동력이자 성장의 발판이 된다. 프랑

스 혁명은 세계사에서 왕정 시대를 마감하고 공화정 시대를 연 역사적 사건이며, 테니스 코트의 선언은 이런 큰 혼란의 마침표이자 새 시대의 출발이었다.

이런 역사적 장면을 그림에 담고 프랑스 대혁명에 깊숙이 관련된 자크루이 다비드는 왜 나폴레옹의 궁정 화가가 됐을까? 그리고 왕정복고 시대 루이 18세의 사면과 함께 제안한 궁정 화가 자리는 왜 거절했을까? 그는 혁명의 배신자인가? 아니면 시대의 흐름을 탄 능력 있는 예술가인가?

100년 장수 기업들은 카멜레온

기업들에게 생존을 위한 변화는 필수이다. 돈이 된다는 소문이 나면 경쟁자들이 몰려들기 마련이고 아무리 잘되던 사업도 경쟁자가 늘고 트렌드가 바뀌면 이런 경쟁에 사업은 사양길에 접어든다. 생존을 위해 자신의 피부색을 바꾸는 카멜레온처럼, 100년 기업이라 불리는 장수 기업들은 자신들의 모태가 된 사업도 과감히 포기하며 변신에 변신을 거듭하며 성장하고 살아남은 역사들을 가지고 있다.

화약회사에서 최첨단 신소재 기업이 된 듀폰

최첨단 신소재와 솔루션 기업인 듀폰의 출발은 화약 제조였다. 1802년 미국 델라웨어에서 폭약 제조를 주력으로 성장한 기업이다. 하지만 1, 2차 세계대전이 끝나고 19세기 말부터 평화의 시대가 도래하자 화약 수요가 크게 줄었고 듀폰은 생존을 위해 화학을 기반으로 한 합성섬유 기업으로 변신한다. 듀폰의 가장 성공적인 작품은 나일론이다. 듀폰은 20세기 나일론으로 크게 성장했고 이를 바탕으로 지금은 첨단 신소재 솔루션 기업이 되어 있다.

듀폰 나일론 스타킹 광고
(출처: https://www.dupont.com/)

건어물 팔던 삼성, 반도체를 넘어 제약 바이오 기업으로

고 이병철 회장이 삼성상회를 열었던 1938년 삼성은 건어물과 사과 등 지역 특산품을 팔던 회사였다. 이후 삼성물산으로 이름을 바꿔 무역업을 시작했고 제일제당, 제일모직, 한국비료 등 다양한 분야로 사업을 확장했다. 전자분야의 진출은 1969년 삼성전자공업을 설립하면서부터인데, 최첨단 글로벌 기업으로 발돋움 한 계기는 1970년대 무모하다는 평가에도 불구하고 시작한 반도체 덕분이다. 지금도 수많은 도전과 어려움 속에 있는 삼성은 신성장 산업으로 제약 바이오 분야에 대한 투자를 확대하고 있다.

삼성상회

계획적 진부화의 대표 사례 '나일론'

듀폰을 세계적인 기업 반열에 올려 놓은 나일론 얘기를 조금만 더 해 보자. 1934년 듀폰은 낡지 않고 심지어 끊어지지도 않는 나

일론이라는 합성섬유를 개발한다. 회사는 흥분했다. 진창에 빠진 자동차를 나일론에 묶어 꺼내는 TV 광고도 내보내며 판매에 열을 올렸지만 뜨거운 초기 반응과 달리 판매는 저조했다. 이렇게 좋은 제품이 왜 팔리지 않을까? 이유를 파악해 보니 아이러니 하게도 너무 질긴, 제품의 긴 수명 때문이었다. 나일론으로 뭔가를 만들어 팔면 수명이 너무 길어 재판매가 이뤄지지 않으니 제조사들이 사다 쓰지 않는다는 것. 듀폰은 즉시 나일론이 더 쉽게 해지도록 만들었고, 품질이 저하된 나일론을 내놓자 불티나게 팔려 나갔다.

 기업들이 오래 쓸 수 있는 물건임에도 일부러 제품의 수명을 줄이는 행위를 '계획된 진부화'라고 일컫는다. 비단 나일론만이 아니다.

 미국 캘리포니아주 리버모어라는 도시의 한 소방서 창고에는 1901년부터 지금까지 고장 없이 불이 켜진 백열등이 있다. 무려 120년 넘게 사용 중으로, 텅스텐 필라멘트로 만들어진 백열 전구이다. 물론 밝기가 4와트에 불과하고 이젠 꺼지지 않도록 많은 정성을 들이긴 하지만 기술적으로 전구의 수명이 우리가 쓰고 있는 것보다 더 길 수 있겠구나, 라는 생각을 하게한다. 실제 프랑스 방송국이 이 내용을 '전구 음모 이론(The Light Bulb Conspiracy)'이라는 제목의 다큐멘터리로 제작하기도 했다. 이 소방서의 백열 전구처럼 실제 전구의 수명이 상당히 길다면, 전구 제조업체들은 이런 계획적 진부화를 실제 실행했을까? 필립스, 오스람, 제너럴일렉트릭 등

미국 캘리포니아주 리버모어 한 소방서의 꺼지지 않는 백열 전구
(출처: http://bulbcam.cityofpleasantonca.gov/view/view.shtml?id=511274&imagepath=%2Fmjp-g%2Fvideo.mjpg&size=1)

세계적 조명 업체들이 1924년 파리에 모여 전구의 수명을 늘리는 경쟁을 그만하고 조명 수명을 1,000시간 이내로 제한하기로 합의한 사실이 존재한다.

  글로벌 기업 애플도 이런 논란에 휩싸인 적이 있다. 이른바 2017년 아이폰 배터리 게이트이다. 애플이 구형 아이폰의 성능을 의도적으로 저하시킨 게 발각된 사건인데, 소프트웨어 업그레이드를 통해 노후 배터리를 사용하는 기기에서 CPU 성능을 일부러 낮춘 것이다. 소송이 진행되자 애플은 재빠른 합의 나서 지난 2020년 미국에서 500만 달러 규모의 배상금을 지급했고, 2024년에는 캐나다에서 1,140만 캐나다 달러 배상금 지급에 합의했다.

그림의 대량 생산을 이끈 판화

알브레히트 뒤러 〈묵시록의 네 기사〉

알브레히트 뒤러, 〈묵시록의 네 기사〉

중년의 신사가 뉘른베르크 목판화 상점 안으로 들어선다. 거칠게 접힌 종이 묶음들을 보며 주인에게 묻는다.

"알브레히트 뒤러의 작품을 판다고 들었네. 혹시 〈묵시록의 네 기사〉가 있는가?"

이 말을 들은 상인이 진열장 안에서 몇 장의 판화 그림을 꺼낸다.

"여기 있습니다. 아시겠지만 요한계시록 6장 내용이 그려져 있어요. 말을 타고 세상에 내려오는 죽음의 기사들이 보이시죠. 기사들 손에 칼과 화살 그리고 저울도 아주 생생하게 그려져 있습니다."

중년의 신사가 판화 그림을 유심히 보면서 묻는다.

"이거 내가 다 사도 되겠소? 그리고 얼마요?"

상인이 반색하며 답한다.

"지금 저희 가게에 딱 3장이 남았거든요. 근데 이게 좀 비쌉니다. 한 장에 4굴덴이라서……."

"한 장에 4굴덴이라고? 3장 다 사는 건데, 좀 깎아 주시오. 그리고 이게 뒤러의 작품이라는 걸, 진품이란 걸 어떻게 증명할 거요?"

가게 주인이 자신 있는 말투로 답한다.

"이거 보이십니까? 요 아래 이거 말이요. 뒤러는 자기 판화에 항상 이런 특별한 표식을 해 놓습니다. 이게 있어야 진품이지요. 그리고 석 장 다 하신다면 10굴덴에 드리죠. 대신 다른 사람들에게 절대 가격 말씀하시면 안 됩니다."

알브레히트 뒤러, 판화 장르의 혁신가

15세기 활동한 독일 화가 알브레히트 뒤러는 서구 미술사에서 가장 뛰어난 판화가로 꼽힌다. 뒤러의 등장 이전까지 판화는 같은 그림을 여러 장 찍어 내는 저급 미술 장르로 취급받았다. 하지만 뒤러가 동판화에 사용하는 해칭(Hatching) 기법을 목판화에 적용하면서 회화에 버금가는 판화 작품이 세상에 등장했고, 사람들의 시선은 달라졌다. 해칭은 평행선이나 교차선을 이용해 명암과 음영, 입체감 등을 표현하는 판화 기법이다. 실제 그의 작품들은 판화임에도 이런 해칭 기법을 잘 활용해 세밀하고 역동적인 장면들이 실감나게 묘사돼 있다. 더구나 뒤러는 뛰어난 사업가적 기질까지 갖춘 인물로 재정적으로도 큰 성공을 거뒀다.

역병이 만든 불안감을 이용한 사업가

14세기 유럽은 흑사병의 공포에 떨었다. 많은 사람들은 종교적 그림을 집에 걸어 놓고 신앙의 힘으로 역병을 이겨내려 했다. 자고 일어나면 가족이나 주변 사람들이 죽어 나가니 세상에 끝이 다가온다고 외치는 사람들이 늘어났고 종말론도 판을 쳤다. 뒤러는 이

런 사람들의 관심을 판화로 담아 팔았다. 그 대표적인 작품이 '묵시록 시리즈'이다. 성경의 요한계시록(묵시록) 내용을 판화로 제작한 작품으로, 당시 큰 인기를 끌었다. 〈묵시록의 네 기사(The Four Horsemen, from The Apocalypse)〉가 바로 그 시리즈 중에 하나이다. 이 작품은 요한계시록 6장 1절에서 8절까지의 내용이 담겨 있다. 7개의 봉인이 해제되고 죽음의 기사 4명이 말을 타고 세상에 내려오는 장면이다. 세 명의 기사는 활과 칼 그리고 저울을 들었고, 마지막 기사는 저승(죽음)을 뒤에 달고 온다. 성경에는 저울을 든 기사가 등장한 후 "한 데나리온(일꾼의 하루 품삯에 해당)에 밀 한 되요 한 데나리온에 보리 석 되로다"라고 쓰인 구절이 있다. 이 구절은 극도의 인플레이션 상황을 나타낸 것으로 해석되는데, 저울은 경제적 불안정성을 상징하고, 하루 내내 일하고 품삯을 받아도 물건 값이 너무 올라 고작 밀 한 되, 보리 석 되밖에 사지 못하는 지옥 같은 상황을 써 놓은 것이라는 얘기이다. 서민들에게 인플레이션이 얼마나 지옥 같은 상황인가를 요한계시록도 적고 있다는 점이 흥미롭다.

뒤러의 작품은 특별하고 비쌌다

뒤러의 작품은 판화였지만 꽤 비쌌다. 당연히 대중이 원하는 소재를 다뤘고, 생동감 넘치는 세밀한 묘사가 비교 불가였기 때문에 다른 작가들의 판화 작품보다 높은 가격에 거래됐다. 가격은 인기에 비례하는 법이니 일반적인 판화 작품에 비해서 보통은 2배, 많게는 4배까지 높은 가격을 받았다고 한다. 흥미로운 건 뒤러가 자신의 작품에 자신만의 표식을 새겨 넣었다는 사실이다. 지금으로 치면 자신만의 상표를 목판에 새겨 넣은 것인데, 찍어 내듯 같은 그림을 만들어 내는 판화지만 자신의 작품은 다르다는 걸 이걸로 보여 주려 한 것으로 보인다. 뒤러의 작품임을 알려 주는 알파벳 A와 D를 형상화한 이 표식은 작품마다 위치가 달라서, 혹시 뒤러의 작품을 접하게 된다면 이 표식이 어디에 있는지를 찾아보는 것도 또 하나의 감상 포인트가 된다.

인쇄술과 판화 그리고 혁신

뒤러가 판화만 그린 것은 아니다. 그는 판화에 매진하기 전 유화나 수채화 그리고 템페라 등 다양한 작품을 많이 남겼다. 그중 그의 자화상이 꽤 유명한데, 미술사적 의미도 깊은 작품이다. 그의 자화상은 종교화 이콘(Icon)의 양식을 그대로 따랐다. 얼굴을 중심으로 상반신만 그린 구도부터 정면을 응시하는 자세 그리고 살짝 들어 올린 오른손 등이 이콘의 전형적인 양식이다. 그래서 이 그림을 보면 뭔가 종교화 같다는 느낌을 받게 되는데, 더구나 그의 길게 늘어뜨린 헤어스타일까지 더해져 예수의 초상화 같다는 착각마저 들게 한다.

실제 당시 초상화의 정면 포즈는 일종의 '신성'을 표현하는 방법으로, 이콘 등 종교화에 등장하는 인물들만 정면을 바라볼 뿐 일반 초상화의 인물들은 15도 정도 측면을 바라보는 자세로 그려졌다. 또 살짝 들어 올린 오른손은 이른바 '축복의 손 포즈'로, 이콘 등 전형적인 종교화에 등장하는 자세이다.

뒤러의 이런 자화상은 신성 영역으로 일반인들을 끌어들이는 역할을 했다. 신성한 느낌을 주는 자신의 초상화를 가지고 싶다는 사람들의 욕구를 자극한 것이다. 또 이렇게 되자 자화상이라는 장르에 대한 관심도 자연스럽게 높이는 효과도 있었다. 고대와 중세는

뒤러의 자화상

6세기 이콘 양식 성화

자아에 대한 고민이 부족했던 시기이다. 하지만 뒤러가 자신의 모습을 성인처럼 그려내며 자아에 대한 탐구를 시도하자 다른 화가들도 자극을 받은 것이다. 뒤러는 유화 세 점과 판화와 드로잉으로 그린 다섯 점 이상의 자화상을 남겼다

왜 뒤러는 판화에 빠졌을까?

뒤러가 판화에 몰두하기 시작한 것은 고향인 뉘른베르크로 돌아와서 부터이다. 뒤러의 아버지는 금 세공업자였다. 뒤러는 화가가 되는 걸 반대하는 아버지의 뜻에 따라 어릴 적 금 세공 일을 배웠다. 뒤러가 꿈을 접지 않자 그의 아버지는 당대 손꼽히는 화가, 미하엘 볼게무트에게 그를 보냈다. 견습생 생활을 마친 뒤러는 4년간 유럽을 도는 수련 여행을 했고 1949년 고향인 뉘른베르크로 돌아온다.

회화에도 재능이 있었던 그가 고향으로 돌아온 뒤 판화에 전념한 이유는 뭘까? 흩어진 퍼즐들을 맞춰 보면 판화는 뒤러에게 운명 같은 존재일 수 있었겠다는 생각을 하게 한다. 첫 번째 퍼즐은 뒤러의 스승인 미하엘 볼게무트다. 그는 유명 화가이자 유럽 출판 역사에 한 획을 그은 사람으로,《뉘른베르크 연대기》라는 책을 출판한 인

물(안톤 코베르거와 공동 출판)이다. 세계 최초 베스트셀러라 불리는 《뉘른베르크 연대기》는 당시 2만 5,000부가 팔렸는데, 1억 명 내외의 유럽 인구 중 글을 읽을 수 있는 사람이 10%가 안됐다는 점을 감안하면 유럽의 글 읽는다는 사람은 모두 사 본 책이라는 계산이 나온다. 이 책의 이런 인기 비결은 1,809개나 되는 삽화에 있다. 창세기부터 1500년대까지 인류의 역사를 다양한 그림과 함께 서술한 책으로, 삽화의 1/3 가량이 목판화였다는 점이 주목할 포인트이다.

두 번째 퍼즐은 뒤러의 아버지가 금 세공업자였다는 것. 뒤러는 아버지의 허락을 받아 본격적인 미술 공부를 시작하기 전까지 금세공 일을 배우며 아버지 밑에서 일했다. 뒤러의 목판화에 적용한 해칭 기법도 금세공술에서 기인한다. 목판화에 결합된 금 세공기술이 바로 두 번째 퍼즐이다.

세 번째 퍼즐은 시대적 배경이다. 그 시기 유럽은 쿠텐베르크의 인쇄술이 급속도로 보급되던 시기이다. 뒤러는 고향으로 돌아온 후 아예 인쇄업자의 건물을 인수하고 그곳을 자신의 작업장으로 만들었다. 그 건물은 지금도 남아있는데, 뒤러의 박물관으로 사용된다. 인쇄술의 적극적인 활용이 대세였던 시대적 배경이 그를 판화에 매진하게 만든 또 하나의 요소였다.

지식 축적의 큰 혁명들, 인쇄술과 데이터 센터

인류의 발전은 지식 축적과 활용의 역사라고 할 수 있다. 이런 측면에서 인류는 세 번의 획기적 혁신을 겪었다. 첫 번째가 15세기 구텐베르크의 인쇄술의 발명이다. 이는 폐쇄적이며 제한적이던 지식의 공유와 전달 방식을 혁신적으로 바꿔 놨다. 인쇄술이 보급되기 전 유럽에는 약 500만 권의 책이 있었고, 그 책들은 사람들이 직접 손으로 베껴 쓴 필사본이었다. 인쇄술이 보급되자 책 발행은 크게 증가한다. 15세기 말쯤 유럽에 발간된 책은 약 2억 권 정도가 됐을 것으로 추정한다. 급속도로 늘어난 책은 문맹률의 감소를 이끌었고 지식이 공유되는 폭도 넓혔다. 그 결과 사회 발전 속도가 빨라지고 계급 사회에는 금이 가기 시작한다. 18세기에 들어서자 서적 발행량은 더 늘어 10억 권을 넘어선다. 사람들의 생각은 깊어졌고 인류는 르네상스와 종교 개혁을 거쳐 산업 혁명에 이른다.

지식 축적과 공유의 두 번째 혁신은 인터넷이다. 통신으로 연결된 촘촘한 지식 연결망은 인류를 또 한 번 도약하게 만들었다. 인터넷은 지식 공유와 활용의 시공간 제약을 제거한 혁신이었다. 인류가 시공간을 넘은 초연결사회로 진입한 것이다. 새로운 지식을 기록하고 쌓는 건 기본이고 이렇게 쌓인 수많은 정보를 효과적으로 꺼내고 활용할 수 있게 된 세상은 더 빠르게 발전한다.

세 번째 혁신은 지금 진행 중인 AI로 촉발된 대규모 데이터 센터 구축이다. 활자 중심으로 축적되던 인류의 지식이 음성과 이미지, 영상 등 형태를 가리지 않고 축적되고 있다. 지식축적의 양도 과거와 비교불가 상황이 됐다. 2025년 기준 전 세계 데이터센터에 저장된 정보량은 200~250제타바이트(ZB)로 추정한다. 1제타바이트(ZB)가 10의 21제곱이니, 200제타바이트는 200자(秭) 바이트에 해당한다. 감도 잡히지 않는 이런 데이터량은 책 한 권의 정보량을 1MB(100만 바이트)로 보고 계산하면 각 분야를 아우르는 200경(京) 권의 책을 소장하고 있는 것과 비슷하다. 세계 최대 실물 도서관인 미국 의회도서관 60억 개를 모아 놓은 것과 맞먹는 규모이다. 미국 의회 도서관엔 약 3,200만 권의 책이 있다.

　인류의 역사는 지식의 축적과 활용의 싸움이었다. 이 싸움에서 앞선 국가는 부를 쌓았고 그 부는 나라의 운명을 결정지었다. 그래서 지금 전 세계는 AI기술 경쟁과 데이터센터 확보 싸움을 벌이고 있다. 현재 기준으로 전 세계 데이터 센터의 정보량 Top5를 꼽아 보면 아마존, 마이크로소프트, 구글, 메타, 애플 순이다. 이들 5개 기업이 전 세계 데이터 센터 시장의 50% 이상을 차지한다. 기술도 기술이지만 미국이 진짜 무서운 이유는 여기에 있다. 이들은 막대한 자금을 활용해 데이터 센터를 공격적으로 건설하고 있다.

데이터 센터가 빨아들이는 전기

데이터 센터 투자가 활발해지면서 고민 거리로 떠오른 것이 전력 부족이다. 2024년 기준 전 세계 데이터 센터의 전력 소비량을 약 415TWh(테라와트시)로 추정하는데, 전 세계 전력 사용량의 1.5% 정도에 해당된다. 지난해(2024년) 우리나라의 연간 전력사용량 539TWh에 맞먹는 규모이다(우리나라는 제조업 비중이 높아 전력 사용량이 굉장히 많은 국가에 속한다). 조금 더 실감나는 예로 설명해 보면 에어컨 1억 대를 하루 24시간 내내 가동하거나 축구장 크기의 거대한 냉장고를 하루 내내 돌릴 때 필요한 전력량을 데이터센터가 쓰고 있다고 보면 된다.

문제는 데이터센터 건설이 앞으로 더 활발해질 것이라는 점이다. 현재 6,000여 개의 데이터센터가 전 세계에서 운영 중인데, 2030년이면 그 숫자가 8,400여 개가 될 것으로 전망하고 있다. 더구나 매년 130개 정도의 초대형 데이터 센터의 신규 건설도 계획돼 있는 상황이다. 문제는 전력 먹는 하마인 데이터센터가 필요로 하는 전력량을 지금의 인프라가 감당할 수 없다는 점이다. 결국 엄청난 전력 인프라 투자가 진행될 수밖에 없다는 결론에 이르고, 그래서 미국과 한국 주식시장에서 송배전을 비롯해 변압기 등 전력 설비 기업들, 여기에 전력 관리 시스템 회사까지 큰 폭의 주가 상승이

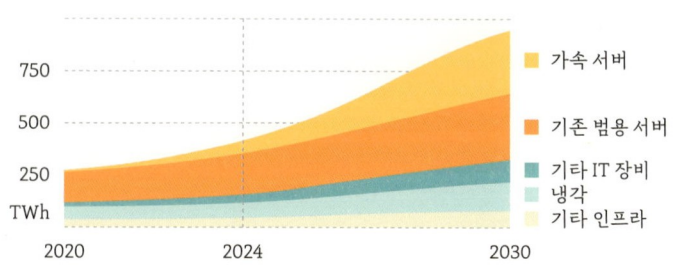

데이터센터 전력 소비량(출처: IEA, 2025)

연출되고 있다. 또 안전과 환경 문제로 주춤했던 원전 건설이 재개되는가 하면, 차세대 원전이라고 불리는 SMR(소형 모듈 원전) 등에 투자와 관심도 뜨거운 상황이다.

한 점 그림으로 읽는 경제

초판 1쇄 발행 2025년 11월 26일

지은이	김치형
펴낸이	박영미
펴낸곳	포르체

책임편집	김찬미
마케팅	정은주 민재영
디자인	황규성

출판신고	2020년 7월 20일 제2020-000103호
전화	02-6083-0128
팩스	02-6008-0126
이메일	porchetogo@gmail.com
인스타그램	porche_book

ⓒ 김치형(저작권자와 맺은 특약에 따라 검인을 생략합니다.)
ISBN 979-11-94634-67-6 (03320)

- 이 책은 저작권법에 따라 보호받는 저작물이므로 무단전재와 무단복제를 금지하며, 이 책 내용의 전부 또는 일부를 이용하려면 반드시 저작권자와 포르체의 서면 동의를 받아야 합니다.
- 이 책의 국립중앙도서관 출판시도서목록은 서지정보유통지원시스템 홈페이지 (http://seoji.nl.go.kr)와 국가자료공동 목록시스템(http://www.nl.go.kr/kolisnet)에서 이용하실 수 있습니다.
- 잘못된 책은 구입하신 서점에서 바꿔드립니다.
- 책값은 뒤표지에 있습니다.

여러분의 소중한 원고를 보내주세요.
porchetogo@gmail.com